技术学科基本技能培训教程

高长增　孟献军　主编

地质出版社

·北　京·

图书在版编目（ＣＩＰ）数据

技术学科基本技能培训教程 / 高长增，孟献军主编.
— 北京：地质出版社，2017.3
ISBN 978-7-116-10297-2

Ⅰ．①技… Ⅱ．①高… ②孟… Ⅲ．①中小学－师资
培训－教材 Ⅳ．① G635.12

中国版本图书馆 CIP 数据核字 (2017) 第 044798 号

技术学科基本技能培训教程

责 任 编 辑：胡庆翠　江　橙
责 任 校 对：关风云
出 版 发 行：地质出版社
社 址 邮 编：北京海淀区学院路31号，100083
咨 询 电 话：(010) 66554600（编辑室）
网　　　址：http://www.gph.com.cn
传　　　真：(010) 66554601
印　　　刷：北京印匠彩色印刷有限公司
开　　　本：787 mm×1092 mm　1/16
印　　　张：12
字　　　数：230千字
版　　　次：2017 年3月第 1 版
印　　　次：2017 年3月第 1 次印刷
定　　　价：42.00元
书　　　号：ISBN 978-7-116-10297-2

（如对本书有建议或意见，敬请致电本社；如本书有印装问题，本社负责调换）

编者的话

技术是人类在实践活动中可直接应用的知识、技能和操作方法，也泛指操作方面的各种技巧。技术既可通过实践获得，也可以通过言传身教传授给他人。技术涉及的领域非常广泛，不同时代技术所达到的水平不同，技术的发展使人们的生活更加丰富多彩。

在我国中小学教育阶段，技术学科包括小学劳动技术、初中劳动技术与高中通用技术。尽管国家颁布的课程标准还没有形成各学段相互衔接的技术课程体系，但技术作为一个相对独立的学科存在，已成为不可逆转的发展趋势。

技术课程尽管已经开设多年，但国内开设相关专业的师范院校不是很多，因此任课教师大多是从其他专业转行而来的。怎样培训任课教师，使其满足课堂教学与学习者的学习需求，是教师培训部门面临的主要问题之一，而培训技术学科教师所用的教程在国内也寥寥无几。

《技术学科基本技能培训教程》是在总结多年教师培训经验基础上编写的。技术作为一门学科涉及若干个模块或项目，本书选择最常见的、能体现技术学科本质的木工制作技术、电子制作技术、金工制作技术与植物栽培技术四个模块作为载体，并通过相关内容来体现技术学科教师培训的特点。

《技术学科基本技能培训教程》共包括四个模块，每个模块开始前均以表格的形式列出了本模块所涉及的知识与技能细目，模块结束时又以表格的形式列出了本模块的达标标准与检测方法，既有利于组织教师培训，也便于教师根据教学需要有选择地自学相关内容。

技术学科的教学内容从深度上远远低于专业技术，但它是学习专业技术的基础，作为技术学科的教师，不可能将课堂教学所涉及的内容都掌握到专业技术的水平，因此本书在内容安排上体现的是基础性。如框锯的维护只有专业人员才可以掌握，因此未把拨料与伐锯技术列入本书内容。同样，木材识别技术需要在实际工作中不断积累经验，因此本书只要求教师会识别简单的几种木料与人造板材，不要求掌握更多的木材识别技术。

本书强调教学中要用技术思维与技术思想方法去解决实际问题，而不是就技术学技术。如锯割时偏离锯割线是教师培训过程中最常见的问题，单靠练习没有办法彻底解决这一问题，只有找到了导致锯割过程中偏离锯割线的原因，才可从根本上解决这个问题。另外，用不同种类的锯锯割时，锯齿的朝向也是一个难以解决的问题。本书总结出"锯割时向哪个方向用力，锯齿就应该朝向哪个方向。"有了这个规律，此问题也很容易得到解决。

每个学科都有自己的思维方式与思想方法，技术学科也应有属于自己的思维方式与思想方法。本书作者在多年培训教师的过程中总结出了技术学科的思维方式与思想方法。技术思维是针对各种技术问题进行的思维活动，从思维过程分析，包括思维的起点、终点与思维过程；从思维特征分析，包括思维的广度与深度、思维的灵活性与敏捷性；从思维内容分析，主要针对的是与技术有关的内容，其范围非常广泛，包括技术设计、技术应用、技术改进、技术创新、技术评价等多个方面，但与日常的思维方式相比较，更多体现的是创造性思维。

技术思想方法是在技术思维基础上形成的发现各种技术问题、解决技术问题的具体方法或有效解决技术问题的途径。技术思维方式与技术思想方法均可用技术语言来表达。在本书编写过程中，渗透了技术思维方式与技术思想方法。

《技术学科基本技能培训教程》主要由高长增、李会娟、郝志华等编写，北京市各区县教研员对本书的编写给予了大力支持，在此一并表示感谢。

对书中可能存在的问题和不足之处，敬请广大读者不吝指教，提出宝贵意见，以利本书在修订时改正。

编者

2017 年 3 月

目 录
CONTENTS

模块 1
木工制作技术

木工制作技术学习内容与基本操作技能

单元	知识与技能	细目
第一单元 木材与画（划）线测量	一、木材与人造板材	1. 木材
		2. 人造板材
	二、画线与测量工具	1. 画线与测量工具
		2. 放线与放线工具
	三、画线与测量技术	1. 木工线
		2. 画线与测量操作
		3. 放线操作
	四、划线与划线工具	1. 划线
		2. 划线工具
		3. 划线（勒线）操作
第二单元 锯割、刨削、打磨与粘接技术	一、常见的几种锯	1. 框锯
		2. 手板锯
		3. 手提式圆盘锯
	二、小手工锯	1. 小手工锯
		2. 锯条的安装与调整
	三、锯割技术	1. 准备工作
		2. 锯割操作
		3. 锯割直线
		4. 锯割曲线
	四、刨削与打磨技术	1. 刨子的种类与组成
		2. 刨子的组装与调整
		3. 木材的固定方法
		4. 刨削操作
		5. 打磨技术
	五、粘接技术	1. 黏合剂与抹胶用工具
		2. 粘接准备工作
		3. 粘接操作
		4. 粘接后的固定方法
第三单元 作品的设计与制作	实践活动 1：小木盒的设计与制作	
	实践活动 2：笔筒的设计与制作	

第一单元 木材与画（划）线测量

木材是木工制作的原料，其种类繁多，自身性能也有较大的差异。认识常见的木材，了解其特性是学习木工制作技术的基础。

一、木材与人造板材

1. 木材

木材是树木的主干部分，因树木的种类繁多，故木材的种类也数不胜数。不同的木材有不同的特征，可从纹理、气味、颜色、硬度等特征来识别木材。同一种木材不同的部位，其纹理与硬度也有差异，也可通过这一特征对木材进行区分。木材的识别主要靠经验，作为教师，从教学角度考虑，能认识日常生活与课堂教学中经常使用的木材就足够了。

松木是最常见的木材之一，有许多种类，如白松、红松、黄花松等，其共同特点是有花纹与松香的气味，不同的松木其硬度不同。白松与红松木质较软，属于软木。黄花松木质较硬，属于硬木。见图1-1。

图 1-1　松木

泡桐是典型的软木，颜色为黄褐色，

图 1-2　泡桐板

质轻且软、纹理美观、材质细腻、疤痕少、干燥后不易变形开裂，易于加工与胶结，多用于做装饰材料，还可用于制作乐器，也适合学生在练习锯割与粘接操作时使用。见图1-2。其他木材的特征，参见参考资料"常见木材简介"。

2. 人造板材

除天然木材外，日常生活与生产过程中还可看到大量的人造板材，它们已经成为日常生活中最常见的材料之一。常见的人造板材有胶合板、刨花板、密度板、齿接板、大芯板等。人造板材多数是由不能直接使用的木材或木材加工产生的废弃料经加工而成的，如大芯板与齿接板就是用小块的木板拼接、加工而成的。

人造板材与木材相比具有幅面大、材质均匀等特点，因此在许多领域已被用来替代木材，这种做法对在满足日常生活与生产需求的前提下，减少树木的砍伐量有重要意义。

胶合板是由圆木旋切成单板，再用黏合剂胶合而成的三层或多层的人造板材，通常用奇数层单板，并使相邻层单板的木纹方向互相垂直胶合而成。其中，三合板不易变形、易于加工，适合学生进行设计与制作木制品时使用。见图 1-3。

刨花板是由木材加工过程中产生的碎料，加黏合剂后在热力和压力作用下胶合成的人造板材，常用来制作各种家具。刨花板在使用时表面常有装饰层，以增加其美观性。见图 1-4。

图 1-3　三合板　　　　　　　图 1-4　有装饰层的刨花板

密度板是以木质纤维或其他植物纤维为原料，加脲醛树脂或其他适用的黏合剂制成的人造板材，它是制作各种家具、人造地板的主要材料。按其密度不同，分为高密度板、中密度板和低密度板。与刨花板一样，密度板的表面一般也加装饰层。见图1-5。

齿接板是用相同宽度、厚度，相同或不同长度的，结合部位呈齿状的木条互相啮合、粘接拼成的人造板材。齿接板是用专门的机械加工而成的人造板材，其性质与天然木材最接近，可用作桌子或台面的面板。见图1-6。

图1-5　有装饰层的密度板

图1-6　齿接板

大芯板，又叫细木工板。它是由两片单板中间胶压、拼接相同厚度的木条而制成的人造板材。它是室内装修不可或缺的人造板材之一。见图1-7。

适合课堂教学使用的木材，其厚度最好在10 mm以下，常见的有松木板、松木条、泡桐板、

图1-7　大芯板

三合板与其他板材。此外，家庭装修的各种下脚料也是极好的用于教学与学生实习的材料，有条件时可组织学生收集并合理利用这些有价值的废弃材料。

二、画线与测量工具

1. 画线与测量工具

线是木材加工过程中的依据。常见的画线工具有钢直尺、钢板直角尺、宽座直角尺、活动角尺、木工铅笔（课堂教学过程中可用普通铅笔替代）等。常见的画线与测量工具见图 1-8。

不同的画线工具其用途不同，多数具有画线与测量的功能。如

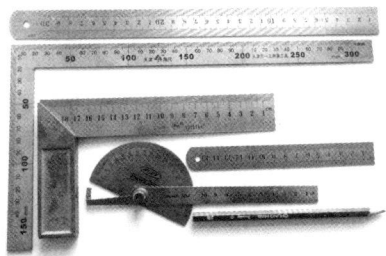

图 1-8　常见的画线与测量工具

钢直尺既是画线工具，又可用于测量木材尺寸。宽座直角尺除用于画垂直基准边的线外，还可测量板材的方正。钢板直角尺可画木材平面上相互垂直的线。活动角尺带有半圆仪，可在木材上画任意角度的斜线。

2. 放线与放线工具

木材加工过程中需要较长的线段时，常用放线法来完成，放线用到的工具有墨斗与墨扦。墨斗由墨仓、绕线轮、墨线、墨线钩组成，常与墨扦配合使用。墨扦主要有两个用途：一是当笔用，可蘸取少量墨，用于配合尺子画短线或标记测量好的尺寸点，为放线做准备；二是放线时用来抵住墨线使其浸入墨液中，同时还可控制放线速度。墨斗与墨扦见图 1-9。

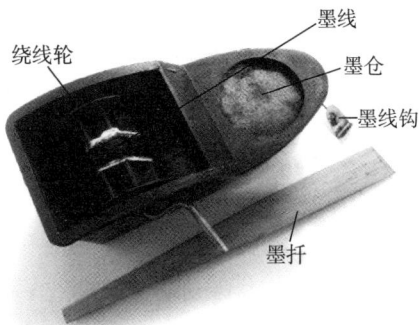

图 1-9　墨斗与墨扦

三、画线与测量技术

1. 木工线

木材加工过程中的线有两种，一种是作为基准的线，如中线、长度线与宽度线，这些线在加工过程中要保留，直到木制品组装完成后，才可清除；另一种是加工线，加工过程中可随时去除，如锯割线、刨削线等。

2. 画线与测量操作

画线前应先确定木材的基准边，以基准边为依据依次画各种线。当木材没有基准边时，可先画一条基准线，再按基准线进行刨削或其他加工，以得到基准边。有了基准边可用宽座直角尺画垂直基准边的线段，也可用活动角尺按需要画斜线。用画线工具画线见图1-10。

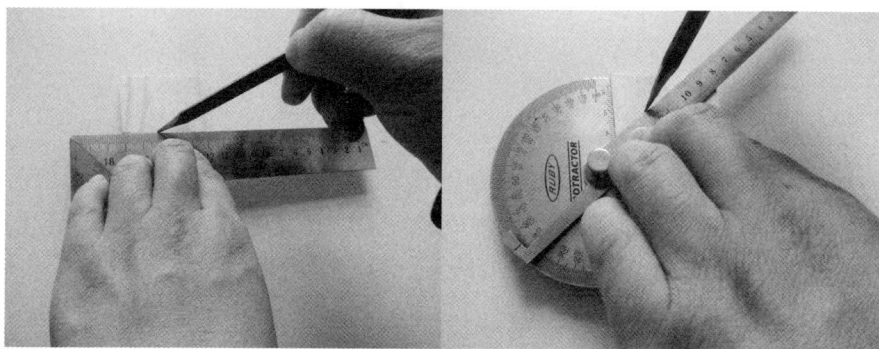

画垂直基准边的线　　　　　　　　画斜线

图 1-10　用画线工具画线

3. 放线操作

当木材长度超出尺的长度较多时，可用放线法得到加工线或基准线。木材较短时，放线过程可一个人独立完成，操作时先把墨线钩勾在木板边缘，将线拉至另一端对准放线位置并拉紧，然后垂直提起墨线中部弹出痕迹。木材较长时的放线过程，需要两人配合完成，一人持墨线钩确定一端的位置，另一个人持墨斗确定另一端的位置后，再手提墨线完成弹线工作。如提线方向不与板面垂直，弹出的线会发生偏离现象，因此两人放线时，有经验者负责持墨斗与墨扦弹线。放线见图 1-11。

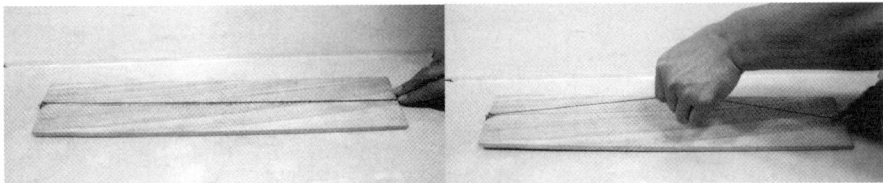

图 1-11　放线

四、划线与划线工具

1. 划线

划线又叫勒线，它是在木材上刻划出划痕，与画线有本质区别。划线操作简单、标准相同、精确度高，可同时划多条平行基准边的线，常用于划榫或平行于基准边的加工线。划线对木材表面有损伤，因此只能作为加工线，不能作为基准线。划线是以基准边作为前提条件的，没有基准边的木材，不能用划线来确定加工线。

2. 划线工具

划线工具既可购买，也可自己制作。木工常用韧性好的硬木与铁钉自己制作划线工具，俗称勒线器或线勒子。勒线器的制作有以下几步：第一，将钉子的尖端用钢锉锉圆备用；第二，选择一块木板，加工成适合手握住的形状，设计好打孔位置，为了确保孔与板面垂直可用台钻打孔，并使孔的直径略小于钉子的直径；第三，将钉子钉入打好的孔中；第四，将用于划线一侧的钉子帽用钢锉打磨成刃状。这样，一个勒线器就制作好了。

3.划线（勒线）操作

划线（勒线）操作流程：确定尺寸 → 接触木材 → 勒线操作 → 误差检测。

勒线时，首先调节勒线器板面与刃间的距离，再使勒线器刃接触木材表面，最后紧贴基准边在木材上勒出痕迹。初次操作者，可测量勒出的痕迹是否达到了事先设计好的尺寸要求。

木材加工过程中，画线与勒线可配合使用。勒线必须有基准边作为依据才可使用。没有基准边时，无法使用勒线法划线。除外，勒线只能作为加工线，如锯割线、刨削线等，基准线必须用画线法画出。自制的勒线器与勒线见图 1-12。

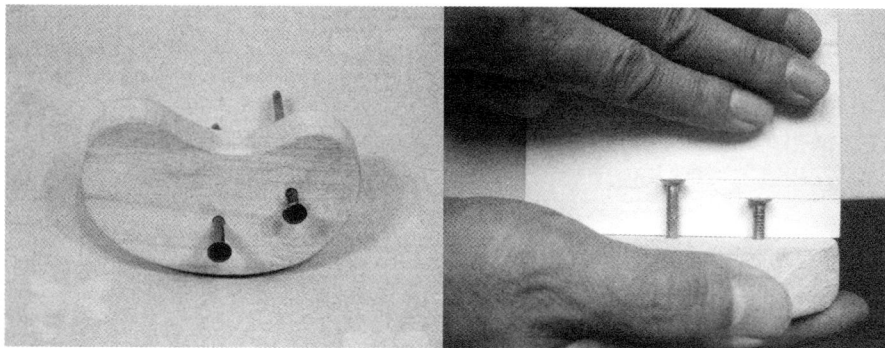

图 1-12 自制的勒线器与勒线

第二单元 锯割、刨削、打磨与粘接技术

一、常见的几种锯

锯有很多种类，不同的锯用途不同。常见的锯有框锯、手板锯、手提式圆盘锯等。框锯与手提式圆盘锯见图 1-13。

图 1-13　框锯与手提式圆盘锯

1. 框锯

框锯由锯条、锯钮、锯拐、锯梁、锯绳、锯绞六部分组成。新型的框锯其锯绳与锯绞已被金属张紧装置代替。框锯的组成见图 1-14。

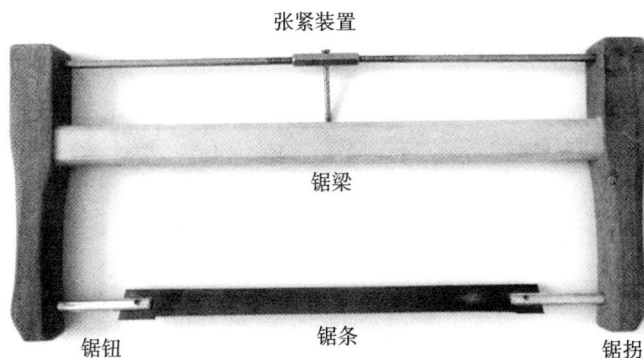

图 1-14　框锯的组成

框锯按全长可分成不同的规格，常见的规格有 400 mm，500 mm，600 mm 等。按其用途可分成横锯与顺锯两种，横锯主要用来沿与木纹垂直方向进行锯割，顺锯则用于沿木纹方向锯割。

框锯锯条的锯齿尖并不在一个平面上，而是按一定规律朝两侧稍歪斜，锯齿的这种排列方式称为料路。料路的作用是在锯割时形成锯路，使锯缝宽度大于锯条自身的厚度，从而防止出现夹锯现象，并使锯条在锯割过程中运行顺畅。按锯齿歪斜情况，料路主要有两种形式：顺锯的锯齿排列为左中右、左中右……横锯的锯齿排列为左右、左右……横锯与顺锯主要是料路不同，从其他地方无法看出来。锯的料路见图 1-15。

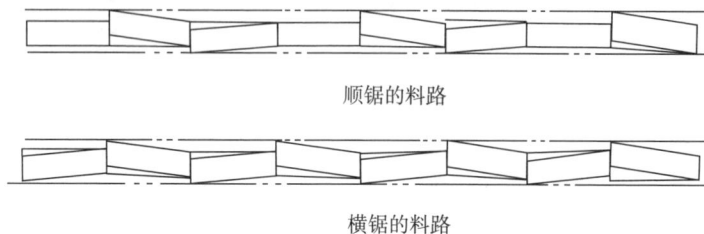

顺锯的料路

横锯的料路

图 1-15　锯的料路

框锯的料路，按齿尖歪斜程度有一定的区别，木工可根据锯割需要用拨料器自己调整料路，这个过程称为拨料。料路较大时，锯割形成的锯路较宽；料路较小时，锯割形成的锯路较窄。锯割硬木时，料路可小些；锯割韧性较大的木材或湿木材时，料路可大些，这样锯起来更省力。框锯的使用方法见图 1-16。

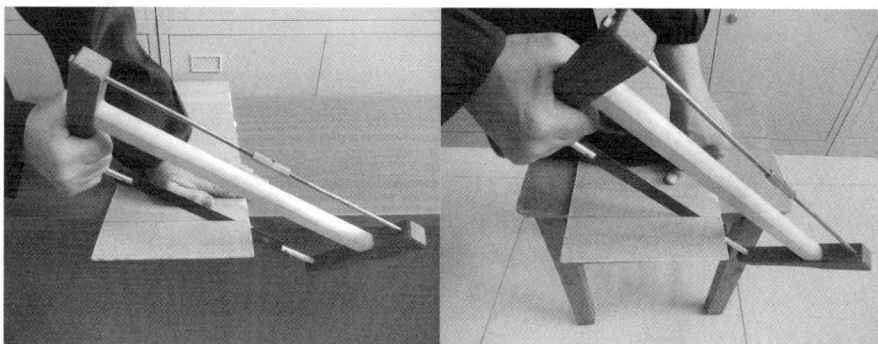

图 1-16　框锯的使用方法

长度 400 mm 的框锯，除作为教师用工具外，专用教室有操作空间的学校也可作为公用工具，供有需要的学生使用。框锯使用前，需要通过张紧装置将锯条绷紧、调正才能使用。锯条太松时，使用过程中易颤动；太紧时，锯条的弹性不够，锯割时易跳动。锯绳的弹性较金属材料好，因此木工常用锯绳、锯绞调节锯条的松紧度，而不用金属张紧装置。使用完后锯条再次调松，长时间使锯条处于绷紧状态时，锯梁易弯曲变形。

经常使用的框锯需要维护，维护内容包括拨料与伐锯。拨料是指用拨料器依次改变锯齿的倾斜程度，使之形成料路。伐锯是指用三角形钢锉把不锋利的锯齿锉削至锋利，伐锯过程中还可改变锯齿的倾斜角度。拨料与伐锯都是木工的专业技术，不熟悉者很难完成此项工作，建议请有经验的木工对不好用的锯进行维护，也可通过多次实践学会此项技术。

2. 手板锯

手板锯用来锯割幅宽、较薄、框锯无法锯割的木材，也可用于由于位置受限，其他锯无法使用的场所。手板锯及其使用方法见图 1-17。

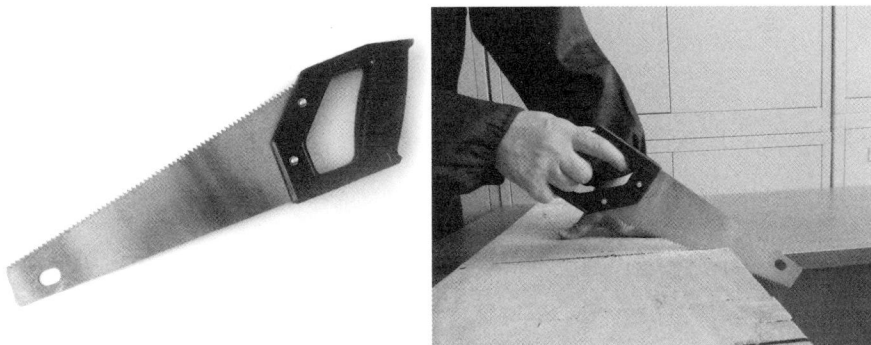

图 1-17 手板锯及其使用方法

3. 手提式圆盘锯

手提式圆盘锯是用来切割木材的电动工具之一，具有操作简单、使用方便、切割速度快等特点。

二、小手工锯

除前面介绍的用于生产的锯以外，适合课堂教学与学生使用的锯主要有各种小手工锯。

1 小手工锯

小手工锯具有体积小巧、操作方便、对操作空间要求小的特点，非常适合学生学习时使用。因多数小手工锯锯条料路较小且有的无料路，故只能用来锯割薄木板、三合板等木材。教师锯割较厚的木材时，可选用框锯。锯割板幅较宽、较薄的木材时，可选用手板锯。锯割较厚、板幅较宽的木材时，可选用手提式圆盘锯。电动工具不宜让学生使用，以免发生危险。常见的小手工锯见图 1-18。

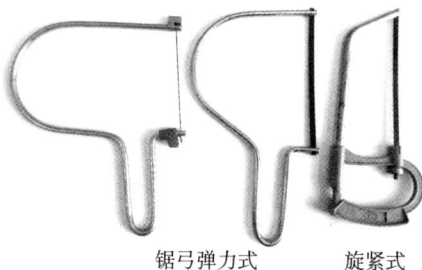

锯弓弹力式   旋紧式

图 1-18　常见的小手工锯

2. 锯条的安装与调整

不同种类的小手工锯锯条的安装方法不同，应根据实际需要选择正确的安装方法。弹力式小手工锯安装锯条时，先根据锯割需要确定锯齿朝向（注：锯割时向哪个方向便于用力，锯齿就朝向哪个方向），再将锯条两端分别卡入锯弓两端的卡槽中，锯条装好后靠锯弓的弹力将锯条绷紧。安装锯条后，仔细检查锯条两端均已进入卡槽，再将活动的防护帽复位调正，即可使用了。旋紧式小手工锯安装锯条时，可先将锯条两端的销钉安装在锯弓的卡槽中，再将螺母旋紧，检查锯条已绷紧后，即可使用。

三、锯割技术

1. 准备工作

锯割前先根据场地情况确定锯割姿势，再检查锯齿的朝向是否与用力方向一致，最后还要确定怎样固定木材才能便于锯割，这些准备工作是顺利完成锯割工作的保障。

锯割木材时可充分利用工作台或桌子的边缘进行，可将木板放在工作台边缘，并使锯割线稍离开（10 mm 左右）工作台边缘，以防止锯到工作台边缘。在保证锯不到工作台的前提下，木材与边缘越近越好。锯割线离工作台边缘太远时，锯割过程中易发生弹跳或震动。将木材按在工作台的角上时，锯割最方便。

锯割时可用左手按住木材，用右手握锯进行锯割。锯割过程中要尽可能不让木材移动，木材移动时易导致锯路偏离锯割线，还有可能导致锯条折断。根据教室内的场地，锯割时既可站立锯割，也可坐在椅子上进行锯割。站立锯割时，向前下方推便于用力，此时锯齿可朝向远离手柄的一端。坐在椅子上锯割时，向下拉便于用力，锯齿可朝向手柄一端。木材的固定方式与锯割姿势见图 1-19。初学者按左图的姿势锯割，推力太大时，锯条易折断。

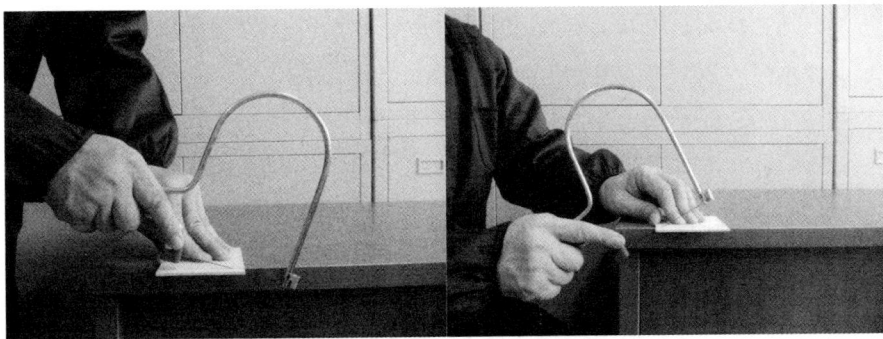

图 1-19　木材的固定方式与锯割姿势

2. 锯割操作

锯割可分成起锯、行锯、收锯三个阶段。在实际操作中，三个阶段构成一个完整的锯割过程。起锯时要使锯条对准锯割线，再顺势拉动锯条，感觉锯齿被卡住时，可反方向拉动，直到在锯割部位产生锯割痕迹，并感觉锯割顺畅时为止。起锯过程完成后，锯条能顺畅运行了，此时进入行锯阶段。行锯阶段要增加锯的行程，尽可能使用锯条的全长进行锯割，但锯的两端不能接触木材或与木材碰撞。当锯割将要完成时，进入收锯阶段，此时应减小锯条对锯割部位的压力，缩短行程，轻而快地完成锯割操作，以防用力过大而导致剩余部分劈裂。

从实际操作分析，起锯时，要慢、行程要短，以防止起锯点偏离锯割线或因用力过大导致锯条弹跳。行锯时，要通过调节推力与锯条对锯割部位压力的方式，来保持锯条顺畅运行；锯条对锯割部位压力太大时，行锯过程中易偏离锯割线；锯割圆柱状木材时，锯割断面常呈马蹄形。收锯时，要轻而快地完成锯割过程，以防止剩余部分劈裂。

锯割时能通过声音来判断操作过程中出现的问题，并准确判断锯割到了哪个阶段。行锯过程其声音很顺畅，且有节奏感。起锯时的慢、收锯时的轻而快，均可从声音判断出来。

3. 锯割直线

锯割直线时，既可选择站姿，也可选择坐姿。锯割直线锯条与木材的夹角较小时，有利于使锯割断面呈直线，夹角越大越容易偏离锯割线。直线锯割操作见图 1-20。

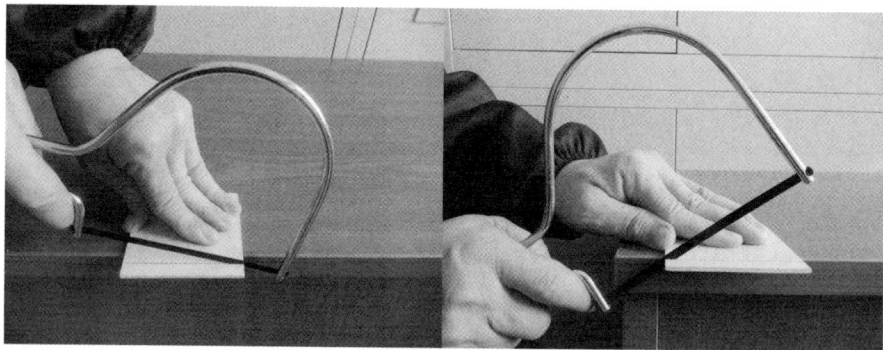

图 1-20　直线锯割操作

4. 锯割曲线

锯割曲线时，采用坐姿有利于锯割操作，在操作过程中要保持锯条与木板垂直，这样便于拐弯。拐死弯时，可在原处多锯几下再拐弯，以防止把锯条扭断。另外，锯割曲线时，锯条越细越易拐弯。锯条越宽锯割的曲率半径越大。

图 1-21 是锯割曲线操作中的锯割方式，锯割使用的是臂力，与其他锯割操作方式相比，操作过程中不易疲劳。

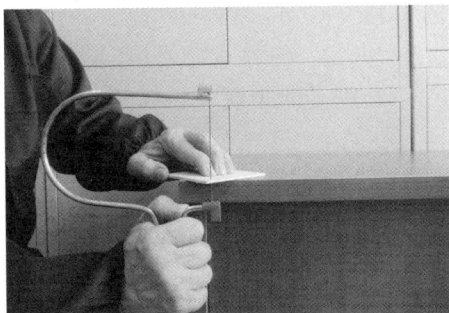

图 1-21 锯割曲线操作

四、刨削与打磨技术

1. 刨子的种类与组成

刨子是用来刨平、刨光、刨直、刨薄木材与通过刨削给木材造型的一种木工工具。它有若干种类，可满足不同的刨削需要。按用途，刨子可分为平刨与异型刨。平刨按其长度又可分为长刨、中刨与短刨；异型刨可分为起槽刨、线刨、圆角刨等若干种。平刨与异型刨主要区别是刨床与刨刀的刃口不同，其用途也各不相同。除外，市场上还可买到各种微型刨，适合学生使用的刨子有短刨与微型刨。适合学生使用的刨子见图 1-22。

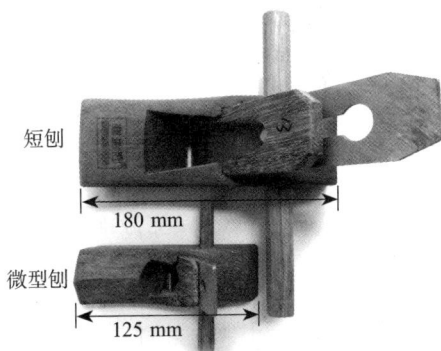

图 1-22 适合学生使用的刨子

刨子由刨床、刨刀、刨楔、盖铁与手柄组成，其中刨楔主要作用是固定刨刀，使其伸出长度满足刨削操作的需要。盖铁的作用是防止调节好的刨刀在刨削过程中自动退出。有的刨子没有盖铁，如微型刨全靠刨楔固定刨刃伸出长度。刨子的组成见图 1-23 。

2. 刨子的组装与调整

组装刨子时，先将盖铁固定在刨刀上，安装时盖铁下端要距刨刃有一小段距离，否则将阻碍刨花的排出。刨子的组装过程见图 1-24。

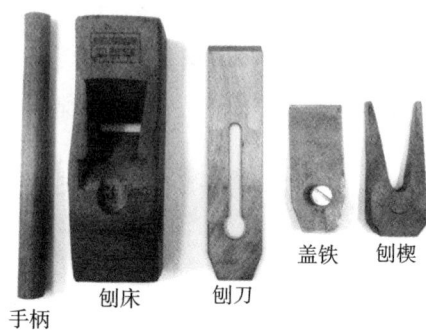

手柄　刨床　刨刀　盖铁　刨楔

图 1-23　刨子的组成

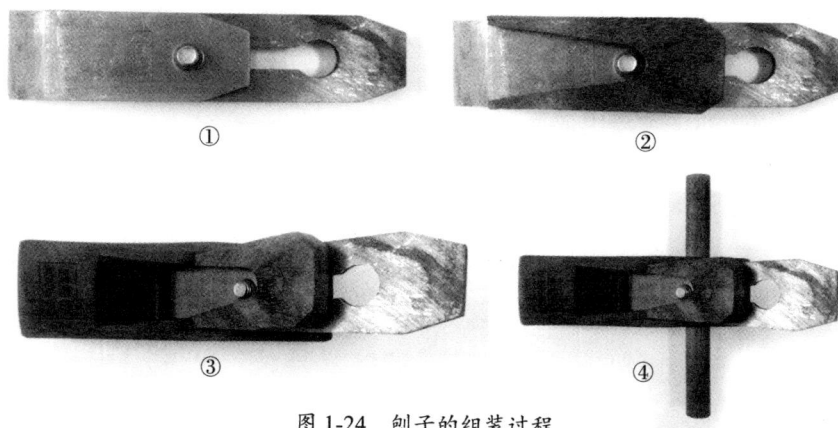

①　②

③　④

图 1-24　刨子的组装过程

组装好的刨子要根据刨削需要，调节刨刃的伸出量。调节刨刃伸出量，可通过敲击刨子的不同部位来实现。刨子的敲击部位包括：刨刀后端中部、刨楔、刨刀后部两侧、刨床尾部。用不同的力度敲击刨子不同的部位，可实现刨刃的伸出或退回。刨子的敲击部位见图 1-25。

将刨刀、盖铁与刨楔插入刨床内后，敲击刨刀后端中部可使刨刃

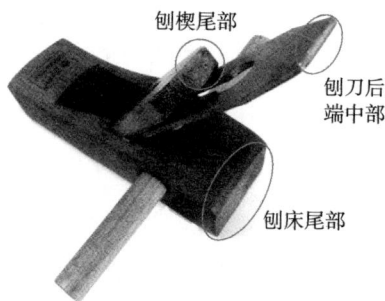

刨楔尾部

刨刀后端中部

刨床尾部

图 1-25　刨子的敲击部位

快速伸出，敲击刨楔在使刨刀固定的同时，刨刃还可少量伸出，轻敲刨床尾部，可使刨刃伸出量减少。刨刃伸出量的调整，是在用眼观察的前提下，反复调节的过程。调节好刨刃伸出量后，可用试刨削的方式来验证是否达到了要求，当发现刨刃伸出量太少或太多时，需要再次进行微调，直至达到刨削要求为止。刨刃伸出量调整方法见图 1-26。

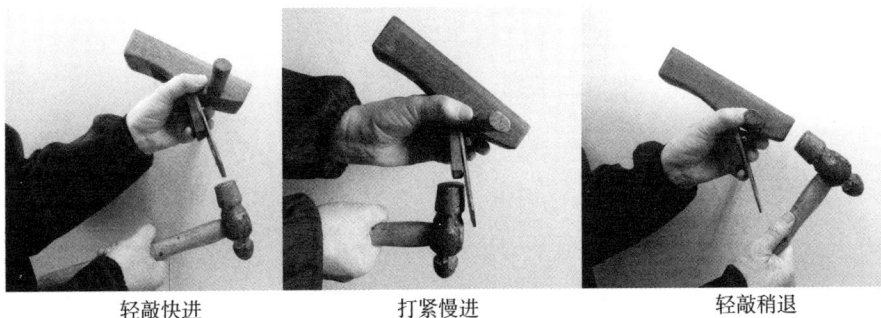

轻敲快进　　　　　　打紧慢进　　　　　　轻敲稍退

图 1-26　刨刃伸出量调整方法

　　刨削工作完成后，要将刨刃退回到刨床内。退刨刃的方法是敲击刨床尾部，使刨刃退至刨床内即可，但要保持刨楔稍绷紧，以防拿刨子时刨刀脱落。需要磨刨刃时，可将刨刀全部退出，其方法是用力敲击刨床尾部，刨刀、刨楔松动后，可顺利将刨刀取出。敲击刨床尾部前，要使刨刀、刨楔控制在手中，防止其脱落而伤到自己或他人。刨刀的退出方法见图 1-27。

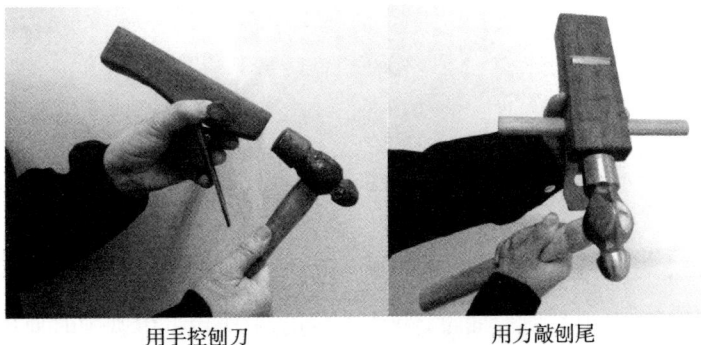

用手控刨刀　　　　　　　　用力敲刨尾

图 1-27　刨刀的退出方法

3. 木材的固定方法

刨削前需先将木材前端顶住，才能刨削。为了防止刨削时木材移动，需要把木材顶在专用的固定装置上，也可用其他方式防止刨削过程中木材移动。木材的固定装置，可以根据需要自己制作。制作好的固定装置需要先固定在工作台上才可以使用。

除外，刨削过程中还要有足够空间，以使刨子前端能够伸出，只有这样才能保证木材全程能被刨削到。

刨削前应先确定木材的固定方法，有条件时最好在专用的工作台上进行刨削操作。没有专用工作台时，可将木材顶在墙壁或其他不易移动的地方进行刨削。刨削木材的横断面或侧面时，可把木材立在椅子或较低的支架上用左手扶住，右手持刨进行刨削操作。木材的固定方法见图 1-28。

较宽木材固定

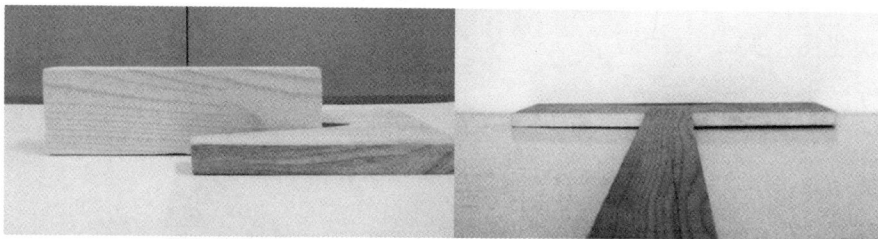

较窄木材固定　　　　　　　　依靠墙壁固定

图 1-28　木材的固定方法

根据木材刨削加工需要，加工时可根据场地与木材合理选择适宜的固定方式。可在专用教室后面设计专用的刨削工作台，供刨削时使用。也可利用墙壁或其他不可移动的地方，用于刨削时顶住木材。

4. 刨削操作

确定了木材的固定方式，调整好了刨刃的伸出量，就可以进行刨削了。在刨平、刨光、刨直、刨薄木材时，均可双手持刨进行刨削。在刨削过程中，还可根据刨削的要求，随时调节刨刃的伸出量。

刨削前可先观察木材需要刨削的部位，有目的地进行刨削。刨削时先平端刨子，再从木材靠近自己的一端进行刨削。刨削快结束时，要施加保持刨子平直运动的力，防止刨身下栽现象发生。刨削过程见图 1-29。

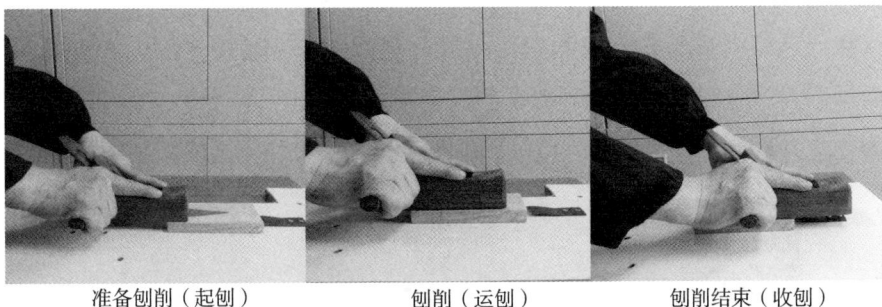

准备刨削（起刨）　　　　　刨削（运刨）　　　　　刨削结束（收刨）

图 1-29　刨削过程

刨光或刨平的过程中，第一刨要感知需要刨削的部位，第二刨要有目的地刨去需要刨削的部分，第三刨再找平。木条宽度小于刨刀的宽度时，用三次刨削就可实现刨光、刨平、刨直的目的。较宽的木材，可从一侧开始依次完成刨光、刨平、刨直的刨削任务。需要将木材刨薄时，可先画刨削线。开始刨削时，可增加刨刃伸出量，以提高刨削的速度。快接近刨削线时，再减少刨刃伸出量，防止超过刨削线。刨削量的大小，可从刨花的厚度看出来。

刨削过程中遇到疤节时，可减小刨刃伸出量或刨削力度。遇到戗槎时，可将木材倒过来刨削或减小刨刃伸出量后，再戗槎刨削。戗槎刨削时，也需要减小刨削力度。刨削木材边缘或棱角时，因刨削力量较小，可用倒拉方式进行刨削。用力较大时，可单手持刨正推。单手刨削操作见图1-30。

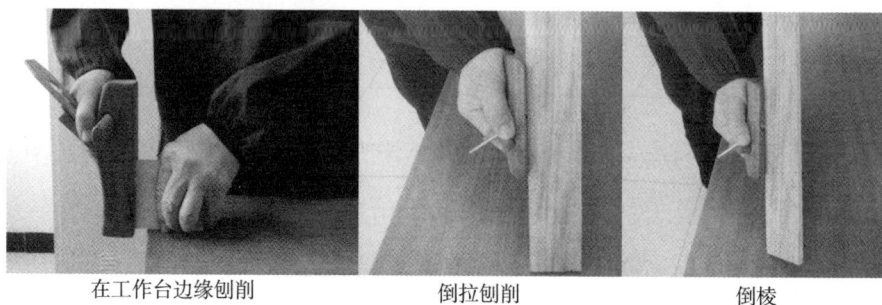

| 在工作台边缘刨削 | 倒拉刨削 | 倒棱 |

图 1-30　单手刨削操作

刨削时易出现的问题：一是开始刨削时刨子前端上翘，导致木材靠近身体一端被多刨去了一部分。二是刨削过程中两手用力不均匀，导致刨削面倾斜。三是刨削快结束时刨子前端下栽，导致木材末端被多刨削。初学者要通过练习，有意识地防止以上现象发生。错误的刨削操作见图 1-31。

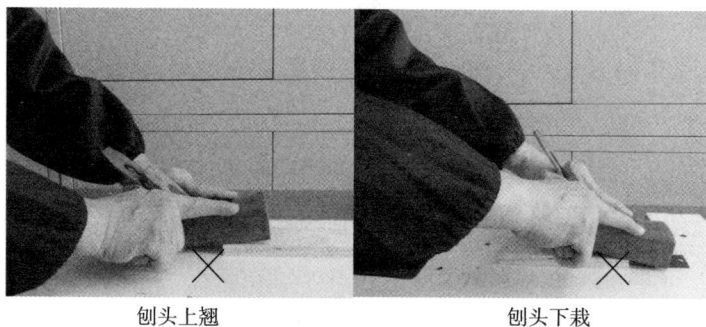

| 刨头上翘 | 刨头下栽 |

图 1-31　错误的刨削操作

5.打磨技术

木材有时需要先进行打磨，再进行粘接或其他操作。木制品组装好后，需要对外立面进行净面、打磨后再刷漆。净面可用短刨进行，打磨则需要用砂纸来完成。打磨是木工制作技术中的一个重要环节。

砂纸的种类很多，打磨木材常用干磨砂纸或砂布。根据粗细程度，干磨砂纸可分为若干个型号，其标号数字越大时越细，打磨后的打磨面越光滑。打磨木材前，可根据需要选择砂纸的型号。对粗糙面最好先用粗砂纸打磨，再换细砂纸打磨。

　　打磨木材的方式有多种，不同的方式打磨效果不同。第一种打磨方式是木材在砂纸上移动，打磨时把砂纸放在平整的工作台上，手握木材在砂纸上平推。这种打磨方式可使打磨面平直，适合于磨平与磨直。第二种打磨方式是砂纸在木材上移动，这种方式可用于木材表面磨光，但不能保证打磨面平直，仅仅适用于磨光。打磨较大的孔时，可把砂纸绕在木棒上进行，这样便于用力。木板边缘打磨见图 1-32，棱与角的打磨方法见图 1-33，其他几种打磨方式见图 1-34。

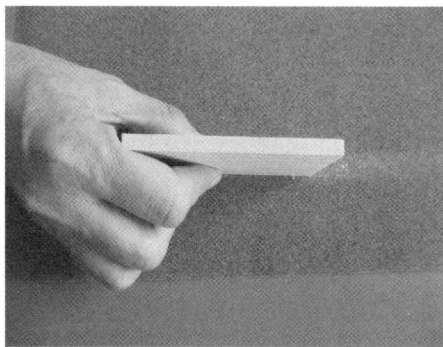

图 1-32　木板边缘打磨

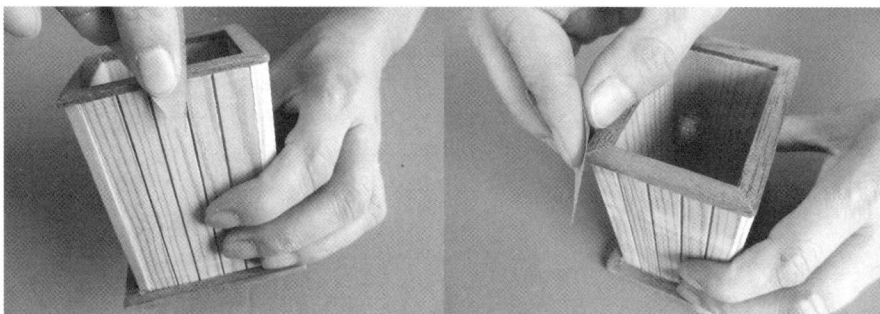

图 1-33　棱与角的打磨方法

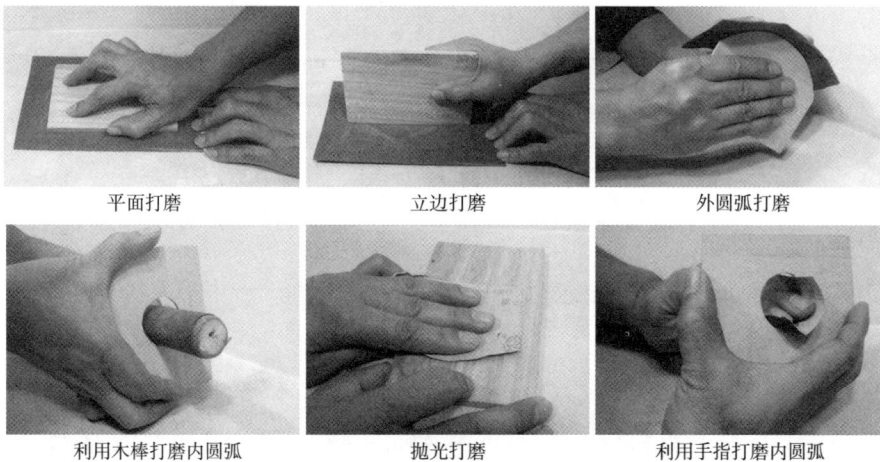

平面打磨	立边打磨	外圆弧打磨
利用木棒打磨内圆弧	抛光打磨	利用手指打磨内圆弧

图 1-34　其他几种打磨方式

五、粘接技术

1. 黏合剂与抹胶用工具

粘接是木材的一种最常见的连接方式，在木制品制作过程中被广泛使用。粘接木材常用的黏合剂是白乳胶（简称乳胶），它具有使用方便、易于操作、固化较快、粘接牢固、耐久性强的特点。白乳胶主要成分是聚醋酸乙烯，它是以水为分散介质的黏合剂，是用途最广、用量最大的黏合剂之一。

粘接时抹胶需要工具，抹胶工具可根据抹胶的数量选择或自制。抹胶量较大时，可用刷子。量较小时，可用油画笔或毛笔，也可用木棍或木条代替抹胶工具。抹胶工具见图1-35。

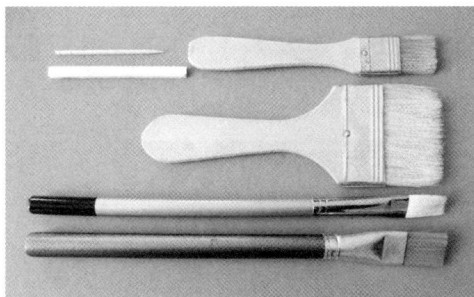

图 1-35　抹胶工具

2. 粘接准备工作

粘接前应观察粘接面是否平直，也可测量粘接面是否达到粘接要求。对达不到粘接要求的粘接面，可用刨削或打磨的方式进行修整，使其达到设计的要求。也可通过试拼接来检查粘接面是否达到要求，这种方法更直接有效。

3. 粘接操作

做好了各项准备工作，可以在粘接面抹胶粘接了。抹胶时要均匀、适量，胶抹的太多、太少都不好。胶太多了，能导致粘接部位结合强度降低。胶太少了，同样会降低粘接部位的结合强度。抹胶操作见图1-36。抹胶后可将另外的粘接面对在抹胶的粘接面上，用力推动或挤压，以挤出多余的乳胶。挤压结束时，要使粘接部位恰好对正。不可用乳胶来填堵木材的缝隙，对粘接过程中挤出的乳胶，可在其未干时擦去。

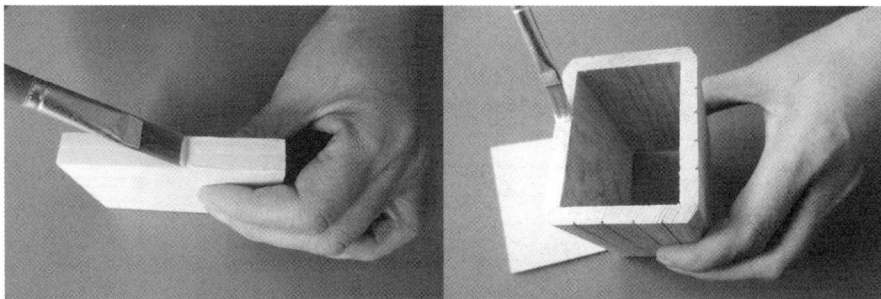

图 1-36　抹胶操作

4. 粘接后的固定方法

粘接后，粘接部位的胶固化需要一定的时间，在胶未完全固化前移动粘接部位，此时因胶未达到固化后的强度，会从粘接部位开裂。粘接后最好使粘接部位在受力条件下放置，直到粘接部位的胶完全固化，这样可有效增加粘接部位的结合强度，消除因木材翘曲而产生的缝隙。

粘接后的固定方法主要有夹持法、捆绑法、重压法，可根据木材的大小与形状合理选择固定方法。如粘接面较小、能夹持，可用夹持法固定。夹持工具除台虎钳（或桌虎钳）外，还有木工专用的夹具。当木材变形有缝隙时，夹持法还具有对木材矫正的作用。没办法夹持时，可用捆绑法固定。粘接两个平面时，可用重压法固定。桌虎钳夹持法固定见图 1-37。

图 1-37　桌虎钳夹持法固定

有时为了增加结合部位的强度，在粘接的同时，还可用钉合法或木螺丝加固法固定。操作时先在结合部位抹上适量的胶，再立刻用钉子钉或用木螺丝拧紧，使结合部位紧紧贴在一起，并在钉合或旋紧的过程中挤出多余乳胶。钉合加固法见图 1-38，木螺钉（丝）加固法见图 1-39。

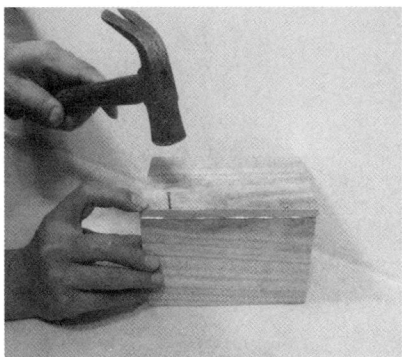

图 1-38　钉合加固法　　　　　图 1-39　木螺钉（丝）加固法

第三单元　作品的设计与制作

实践活动 1：小木盒的设计与制作

【工具材料】

小手工锯、木工铅笔、钢直尺、宽座直角尺、乳胶、抹胶工具、砂纸、泡桐板 1 块（400 mm×30 mm×9 mm）、三合板 1 块（114 mm×92 mm×3 mm）。制作小木盒的工具与材料见图 1-40。

【教学目标】

1）了解小木盒的组成，能依据所给材料设计小木盒边框的对接方式，

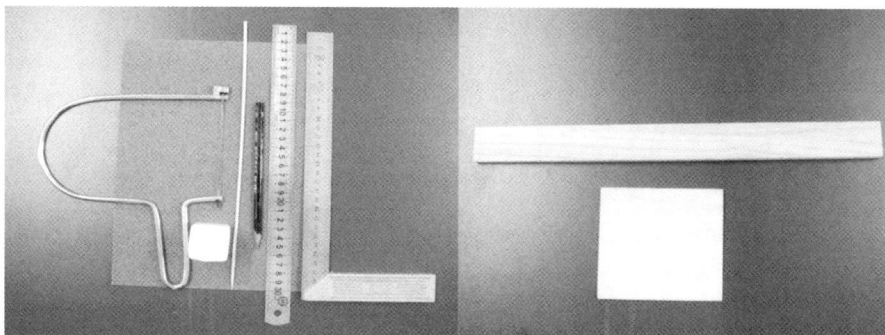

图 1-40　制作小木盒的工具与材料

学会木条的锯割、打磨、粘接操作及小木盒方正的检测与调整方法。

2）经历小木盒的设计制作过程，学会分析小木盒制作过程中技术的应用情况。

3）在学习过程中树立质量意识，养成安全规范的操作习惯，具有合理利用材料的意识。

【重点难点】

本节课的重点是小木盒边框对接方式设计，因边框对接方式有多种，不同的对接方式具有不同的特点。无论哪种对接方式，都需要学生自己计算小木盒各边框的尺寸。

本节课的难点是锯割后边框的打磨，打磨不好制成的小木盒很难严丝合缝，更不能使各边框垂直。因此，在锯割操作达到质量要求的前提下，打磨在小木盒制作过程中起着决定性作用。

【技术环节】

1. 主要技术环节

制作小木盒的主要技术环节包括：测量、画线、锯割、打磨、粘接，因此尽管所用的材料很简单，制作过程中的技术含量却非常高，每一步操作都涉及技术问题。因此，小木盒的设计制作，作为学生学习木工技术的载体非常好。

2. 制作流程设计

测量木材 → 小木盒设计 → 画线 → 边框加工与粘接 → 底板加工 →
边框与底板粘接 → 打磨 → 质量检测。

3. 小木盒形状与边框对接方式设计

小木盒可设计制作成正方形，也可设计制作成长方形，学生可根据自
己的想法进行设计。确定形状后，再设计小木盒的边框对接方式、计算小
木盒的边框尺寸。小木盒边框对接方式有长边压短边，依次对接两种，不
同的对接方式边框的尺寸不同。

4. 主要操作过程

（1）材料测量与加工

设计完成后，即可对制作边框的材料进行测量、画线、锯割了。对锯
好的木条要进行比较，当其长度不相同时，要以较短的一个为标准，对锯
割断面进行打磨，使其达到设计要求。打磨锯割断面时，将砂纸放在平整
的桌面上，一手按住砂纸，一手握住木条在砂纸上平推，要保证打磨时木
条始终与砂纸面垂直，打磨过程中可用直角尺进行方正检测。

（2）粘接及方正调整

试拼无缝隙后，再进行边框粘接。粘接好的边框与底板试拼接时，可
将底板放在边框上进行检查，避免底板过大或过小，利于及时调整。抹胶
时要均匀适量 → 粘接时挤出多余乳胶 → 固定粘接部位 → 胶干前防止粘
接部位移动。

（3）棱角处理

粘接好的小木盒，棱角很锋利，为了使其变光滑，需要对棱角进行打磨。
打磨方法是用一小块新砂纸，沿着棱轻轻打磨一遍，最后再轻轻地逐一蹭

一下所有的角。

（4）质量检测

制作好的小木盒，可用直角尺检测方正。检测内容包括：底板与各边框、相邻边框是否都垂直。

【问题诠释】

1. 小木盒制作顺序问题

在小木盒的制作中，采用了先制作边框，之后将边框与底板进行粘接的这一制作顺序。一方面考虑如何最大限度地使用材料（前提是保证边框的尺寸小于底板的尺寸），另一方面在制作边框时，边框的方正调整好了，再继续制作就比较容易了。

2. 边框对接方式问题

边框对接方式有多种。以制作正方形为例，既可用等长的木条依次对接，也可采用长边压短边的对接方式。第一种方式的优点是所用材料尺寸相同，便于加工。第二种对接方式长边为正面时，正面没有边框接缝，看上去美观。边框的两种对接方式见图1-41。

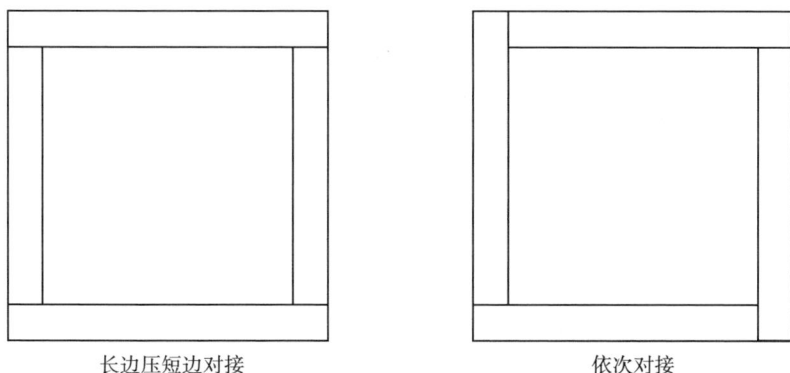

长边压短边对接　　　　　　　依次对接

图 1-41　边框的两种对接方式

3. 操作安全问题

教室空间较小，学生操作时要首先观察操作空间是否达到要求，以免在操作过程中伤到自己或误伤他人。特别是锯割时，要注意不能伤到自己的手。因为直角尺的边缘较锋利，使用时要注意不要误伤他人。

4. 方正检测问题

对底板、边框及粘接后的小木盒进行方正检测，是确保制作好的小木盒方正的必要措施。学生在加工与粘接过程中，及时、正确使用直角尺进行检测，对增强质量意识有积极作用。教师应指导学生关注这一环节，并通过实践学会正确的检测方法。用直角尺检测方正见图1-42。

图 1-42   用直角尺检测方正

5. 流程细化问题

前面介绍的制作流程较简单，课堂教学过程中可将主要环节再细化，细化后有利于学生学习。如测量木材环节中包括：三合板、木条尺寸测量与方正检测等内容。边框加工与粘接环节包括：木条锯割、木条锯割断面打磨、边框试拼接、边框粘接、边框方正测量与调整等。因此，在制作流程设计方面有足够的空间，教师可组织学生自己设计具有特色的操作流程。

6. 黏合剂选择问题

粘接木材常用的黏合剂是乳胶，其主要成分是聚醋酸乙烯，它是以水为分散介质的粘接剂，优点是不破坏木材本身的结构，不影响粘接部位的美观，操作简单、用途广泛；不足是必须等胶干后再进行其他加工，粘接时胶不能太多或太少，用乳胶粘接时接缝受潮易开裂。

7. 学生操作时常见问题

（1）试拼接时粘接部位有缝隙

试拼接时粘接部位有缝隙的原因是粘接部位未处理好。解决方法是对粘接处进行重新处理，使其拼接时无缝隙。

（2）粘接后粘接部位有缝隙

粘接后粘接部位有缝隙时，若缝隙较小，可采用乳胶拌锯末的方法修整；若缝隙较大，用适当的小木条填补粘接。

（3）小木盒不方正

导致小木盒不方正的原因是边框不方正或边框与底板粘接时未对正，也可能是胶未干时粘接部位移动。如果是边框不方正，需要对边框处理后再粘接。如果是因为粘接完测量方正后，又发生了移动，可在乳胶未干前再次进行调整。

【教学流程】

引入 → 学习内容介绍 → 讲解示范 → 学生操作 → 作品展示与交流评价 → 课堂小结。

【教学过程设计】

1. 引入环节设计

可用图片展示以前的优秀作品，学生欣赏，启发学生设计。

2. 学习内容介绍环节设计

首先介绍本节课学习要用到的工具、材料及分组情况，然后介绍本节课的学习内容，提出学习要求。

3.讲解示范环节设计

讲解并示范边框的对接方式（长边压短边、依次对接），让学生了解不同的对接方式，边框的尺寸不同。

4.学生操作环节设计

学生进行操作，教师巡视解决学生操作过程中出现的问题。此环节的核心内容是学生实际操作，要给学生足够的时间。

5.作品展示与交流评价环节设计

选择典型的作品进行展示，侧重介绍成功的经验与失败的教训。教师可就学生学习过程中共同遇到的问题，进行点评或讲解。此环节可根据剩余时间与学生操作情况，有目的、有计划地进行。

6.课堂小结环节设计

可总结全班学习情况，提出下节课的学习目标。组织学生整理桌面或操作台，准备下课。

实践活动 2：笔筒的设计与制作

【工具材料】

制作笔筒用的木材、乳胶、抹胶工具、砂纸、小手工锯、木工铅笔、钢直尺、宽座直角尺、活动角尺。

【教学目标】

1）知道制作笔筒的先后顺序，学会用粘接法制作笔筒。学会用小木条对笔筒上口和笔筒底边进行装饰的方法。

2）经历笔筒制作的过程,学会笔筒方正的检测与调整方法,学会分析、评价笔筒制作过程中粘接技术运用情况。

3）在笔筒设计制作过程中养成安全、规范的操作习惯,树立质量意识。

【重点难点】

本节课的重点用小木条给制作好的笔筒封边与镶边。封边与镶边是最常见的装饰方法,在木工制作过程中最常见,其主要目的是装饰木材的横断面,以使其美观。

本节课的难点是设计封边方式,并完成封边操作。用薄木条以 45° 角对接方式对笔筒上口进行封边难度最大,木条越薄其加工操作难度越大。

【技术环节】

1. 主要技术要点

本节课涉及的技术要点包括:粘接操作、小木条的锯割与用木条对笔筒口与筒底边缘进行装饰等技术。装饰作为木工技术的重要组成部分,在木制品制作过程中,有着不可替代的作用。

2. 主要操作流程设计

测量木材 → 筒身粘接部位试拼接 → 筒身粘接 → 测量筒身方正 → 粘接固定部位 → 筒身与筒底试拼接 → 粘接筒身与筒底 → 笔筒上口与筒底边缘装饰设计 → 笔筒上口与筒底边缘装饰 → 外观打磨与筒身装饰 → 质量检测。

3. 主要操作步骤

（1）笔筒筒身的粘接

笔筒粘接的关键是要保持筒身方正。能确保笔筒方正的要素:第一,筝筒筒身粘接前要让夹在中间两块板的宽度一样；第二，笔筒筒身粘接后，在胶干之前要对笔筒筒身进行方正检测和调整，方正调整好后用适当的方法对其进行固定；第三，胶干前防止粘接部位移动。

（2）筒身与筒底粘接

筒身粘接后，可利用胶干的时间段，对用来做筒底的木板进行测量，待胶干后还可用比对的方式看两者是否可以对正。检测方正与试拼合适后，可将两者粘接在一起。

（3）笔筒上口与筒底边缘装饰

笔筒上口和筒底边缘装饰时，木条对接方式有45°角对接、长边压短边对接、依次对接等方式。学生可根据自己的情况进行预先设计，并完成装饰过程。

（4）筒身装饰与棱角处理

完成笔筒上口和筒底边缘装饰后，可对筒身进行装饰。在筒身装饰方面，也可体现个性化。装饰工作完成后，需要对笔筒的外立面与棱角进行打磨。

所用材料与笔筒筒身的制作过程见图1-43。

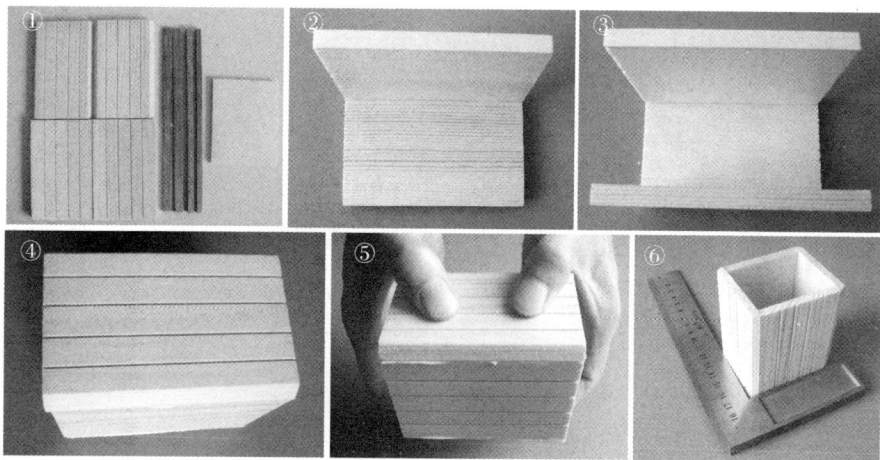

图1-43 所用材料与笔筒筒身的制作过程

【问题诠释】

1. 木制品的装饰问题

木制品的装饰是木工技术的重要内容之一，主要装饰方法包括：封边、镶边、棱角造型、表面平贴、雕刻或绘画等。笔筒的设计制作主要用的是封边与镶边，筒身的装饰可自己确定，装饰材料也可自己选择。在笔筒设计制作过程中，在装饰方面有足够的拓展空间。教师应指导学生在装饰方面下功夫，力求用同样的材料得到具有个性化的作品。

2. 笔筒制作过程问题

制作过程是一个有序的过程，笔筒制作要遵循一个合理的顺序进行。在制作过程中要注意：一是通过打磨使粘接面在粘接时无缝隙；二是要注意解决粘接时如何确保角度合适，主要是板与板面垂直粘接；三是要注意粘接顺序问题，合理的粘接顺序能提高制作效率；四是要注意粘接时的固定方式，确保抹胶粘接后、胶干之前不发生移动变形。此外，还要注意及时处理粘接时挤出的多余乳胶和及时对粘接部位进行打磨处理。

3. 装饰时对接方式问题

封边与镶边木条有多种对接方式，不同的材料、不同的对接方式，装饰时的难度不同。薄木条 45° 角封边难度最大，木条对接镶边难度最小。学生可根据自己的加工技术熟练程度选择适宜自己的装饰方法。

4. 装饰筒身材料选择问题

装饰筒身的材料，套材中没有提供。设计制作笔筒时可用套材中给的木条装饰筒身，也可从日常生活中自选材料来装饰筒身，以实现个性化装饰的目标。

5.课堂教学设计问题

本作品全部完成需要 2 课时，有条件的学校最好采用两节课连排的方式进行。第一节课可以完成笔筒的制作与封边镶边设计，第二节课完成封边、镶边与筒身装饰操作，剩余时间可进行成果展示交流与评价活动，此环节重点是展示学生在笔筒装饰方面的创新成果。教师可给学生留下足够的自主学习空间，为学生自主学习创造条件。

6.学生操作时常见的问题

（1）粘接时粘接部位未对正

粘接时粘接部位未对正的原因主要是粘接部位未对正就固定，或是固定时木板发生了移动。解决方法是粘接部位对正固定后，设法避免木板发生移动。

（2）粘接部位有缝隙

粘接部位有缝隙的原因是粘接部位未处理好，应该处理好粘接面后再粘接。如粘接后有缝隙，可对缝隙进行修补，以使缝隙从外观上不容易看出来。修补方法有多种，如何修补要视情况来确定。

（3）粘接部位开裂

导致粘接部位开裂原因主要有抹胶量太多或太少、粘接时未挤出多余乳胶、胶未干时就移动粘接处。解决方法是减少或增加用胶量，粘接时尽可能挤出多余乳胶，粘接完成后需等胶干后再进行其他加工操作。

（4）笔筒筒身不方正的原因

导致笔筒不方正的原因很多，需要通过分析找到原因后再进行处理。如各侧的木板没有问题，可趁乳胶未干前进行方正调整，调整后再设法固定。

木工制作技术学习内容达到的标准与检测方法

序号	学习内容	达到标准	检测方式
1	工具使用	熟悉本单元涉及的工具规格、使用方法、适用范围与使用注意事项	从实际操作中观察、分析、判断
2	画线操作	能正确选择使用画线工具，操作规范、线条清晰、线段均匀、无错画漏画现象	观察实际操作、用尺子检测
3	划线操作	能正确使用划线工具，划线操作规范、划痕清晰深浅度一致、尺寸符合设计要求	观察实际操作、用尺子检测
4	测量操作	能正确选择使用测量工具，能准确测量木材长度与木材或木制品方正	观察测量操作、检测测量结果
5	锯割操作	能根据锯割需要正确选择锯的种类，锯割声音顺畅有节奏感无异常声音、锯割断面平直、板面无劈裂与歪斜现象、锯割过程中无偏离锯割线或马蹄现象，可按图案进行曲线锯割	听声音、观察锯割过程与锯割断面
6	刨子调整	能根据需要迅速调整好刨刃伸出数量，可快速安装或退出刨刀	观察调整刨刃伸出量操作、试刨削
7	刨削操作	能根据需要选择木材固定与刨削方式，握刨方法正确，刨削过程顺畅、操作规范，所刨削木材达到刨削要求，刨削面平直、方正、厚度相同、无劈裂现象	听声音、看刨削面、测量方正与平直
8	打磨操作	能根据需要选择砂纸与打磨方式，打磨面平直、光洁、无毛刺、棱角圆滑无锋利感	观察操作、试拼接或用工具检测、手摸
9	粘接操作	会用试拼接检测或测量的方法确认粘接面是否达到要求，能正确选择使用抹胶工具，抹胶均匀快速，抹胶量满足粘接需要、粘接时能挤出多余乳胶、粘接部位牢固	观察操作、检测作品

【参考资料】

常见木材简介

1. 软杂木

（1）红松

红松树皮褐紫色、边材浅黄色、芯材黄褐色略带肉红色，因木质中含较多松脂，故有松香气味。红松材质较软、纹理直、耐水、不易腐烂、也不易开裂和变形，易于加工和粘接。一般用来制作门窗和屋架，也可以用来制作家具的芯板或制作模型。

（2）白松

白松树皮浅红褐色、呈鱼鳞状，木材的边材与芯材色泽大致相同，均为浅黄白色，木材质地与红松相同，有弹性，适于制作门窗、模板，也可以用来制作家具。

（3）椴木

椴木树皮灰色，木材为浅黄白色、略带浅褐色，木质轻软，纹理结构细腻、均匀，带有绢丝的光泽，干燥时稍有翘曲，收缩变形小且不易开裂，胶接性能好，适于制作胶合板、家具或用于雕刻。因木质软，加工制作时不要与硬物碰撞，以免磕坏。

（4）杨木

杨木的边材与芯材区别不明显，均为浅白褐色，质地软、轻而柔，纹理直，小叶杨质地细致，近似椴木，大叶杨质地较松散。杨木易于加工、粘接，可用来制作胶合板面、包装箱等。

2. 硬杂木

（1）水曲柳

水曲柳边材黄白色、芯材浅赭色，质地坚硬、耐磨损、有弹性与耐久性、纹理直、韧性大、花纹美丽，粘接性能良好，是制作家具、细木装修、制作胶合板的良好材料，但含水量大时容易弯曲。

（2）黄菠萝木

黄菠萝木的边材淡黄色、芯材黄褐色，质地较软，花纹美丽，木质结构略粗，纹理直，易加工，常用于室内装修、家具制作。

（3）柞木

柞木的边材与芯材均呈浅黄褐色，质地坚硬，耐磨损，纹理直斜交错，耐久性能好，常用于制作生产工具。

（4）桦木

桦木的边材与芯材均呈白色或淡白褐色，纹理细腻，少有花纹，质地硬，易变形，可作胶合板用料。

（5）樟木

樟木的芯材红褐色，夹杂有红色或暗红色条纹，因木质中含有樟脑，故有樟脑香气，纹理交错，木质细腻，易加工。多用于家具和建筑用材，也可用于雕刻。

（6）楠木

楠木的边材与芯材都是黄褐色且略带浅绿色，有香气，木质细腻，纹理交错，有光泽，易加工，可作高档建筑、家具用材。楠木也有好多种，品质最好的是金丝楠木。

（7）柳木

柳木的边材浅白褐色，芯材浅紫红色，木质细腻，韧性强，不易开裂，可用于制作案板等生活用品。

（8）紫檀木

紫檀木的边材呈灰白色，芯材呈淡黄至暗红色，暴露在空气中变成紫色。材质坚硬，密度大，纹理细，有光泽，难加工，但耐久性强，是高级贵重木材，多用于制作仿古家具、工艺品、钢琴等。

（9）槐木

槐木的边材黄白色，芯材黄褐色，木质细而坚硬且有韧性，纹理美丽，有光泽，难加工，但耐久性强，可用于制作家具、用作建筑材料和用于制作生产工具等。

（10）榆木

榆木的边材呈浅白黄色，芯材呈浅暗红紫色，木质结构粗，纤维大，韧性强，易变形。

（11）柏木

柏木气味淡香，木质粗，有韧劲，耐腐蚀，纹理直，可用作建筑材料。

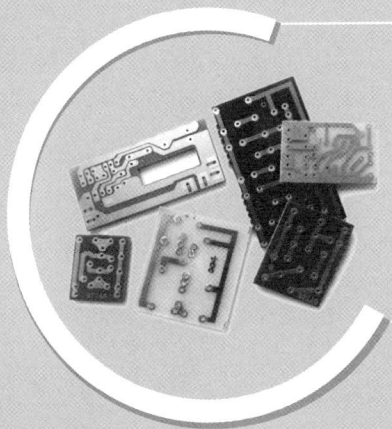

模块 2
电子制作技术

电子制作技术学习内容与基本操作技能

单　元	知识与技能	细　目
第一单元 常见工具与材料	一、电烙铁的种类与组成	1. 电烙铁的种类
		2. 电烙铁的组成
	二、电烙铁的组装、检测与维修	1. 电烙铁的组装方法
		2. 电烙铁的检测方法
		3. 电烙铁的维修方法
	三、电烙铁的放置方法	1. 几种烙铁架
		2. 电烙铁的放置方法
	四、焊锡丝与助焊剂	1. 焊锡丝
		2. 助焊剂
	五、其他工具与用品	1. 几种钳子和镊子
		2. 电路板
第二单元 认识元器件	一、常见的元器件	1. 常见的元器件
		2. 元器件的表示方法
		3. 电路图与安装图
	二、元器件引线极性识别方法	1. 外观识别法
		2. 测量法
	三、色环法识读电阻阻值	1. 色环电阻
		2. 色环法识读电阻阻值
	四、电容容量的标识方法	1. 电容的标识方法
		2. 数字与电容容量
	五、元器件的安装方法	1. 立式安装法
		2. 卧式安装法
		3. 贴板安装法
第三单元 焊接技术	一、焊接技术	1. 电烙铁的握法
		2. 焊接部位镀锡
		3. 导线线头处理
		4. 焊接方法
	二、焊点修整与拆焊	1. 焊点质量要求
		2. 焊点修整
		3. 拆焊工具与拆焊
第四单元 作品的设计与制作	实践活动 1：电子音乐门铃的设计与制作	
	实践活动 2：感应式交流验电器的设计与制作	

第一单元　常见工具与材料

一、电烙铁的种类与组成

1. 电烙铁的种类

电烙铁是用电作为能源的加热工具。接通电源时，发热体将电能转化成热能，使电烙铁头被加热。电烙铁有若干种类，不同种类电烙铁的内部结构、外形与用途不同。其规格可用功率表示，功率越大电烙铁头的温度越高。

按加热方式电烙铁可分为内热式与外热式，常见的电烙铁见图 2-1。内热式电烙铁头一端呈套桶状，套在发热体上。外热式电烙铁发热体中间有空间，里边可插电烙铁头。按电烙铁头的形状电烙铁可分成直头、弯头与合金头。烙铁头一般采用紫铜材料制作，为了增加电烙铁头的耐腐蚀性，在铜的外面镀有防护层，使用前应对烙铁头进行镀锡处理，有的烙铁头还采用不易氧化的合金材料制成。

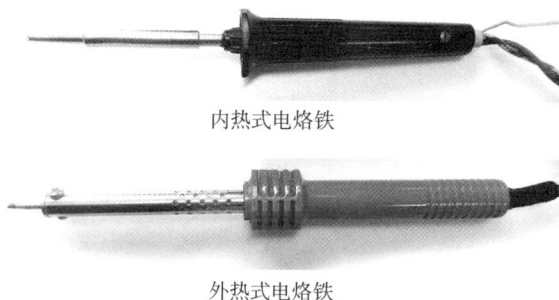

内热式电烙铁

外热式电烙铁

图 2-1　常见的电烙铁

2. 电烙铁的组成

电烙铁主要由烙铁芯、烙铁芯支架、烙铁头、手柄、电源线、插头等部分组成。不同种类的电烙铁组成有差别，两种电烙铁主要组成比较见图2-2。了解电烙铁的结构与内部组成，才能学会正确组装、使用与维修电烙铁。内热式电烙铁具有发热快、发热效率较高、体积较小、价格便宜的特点。

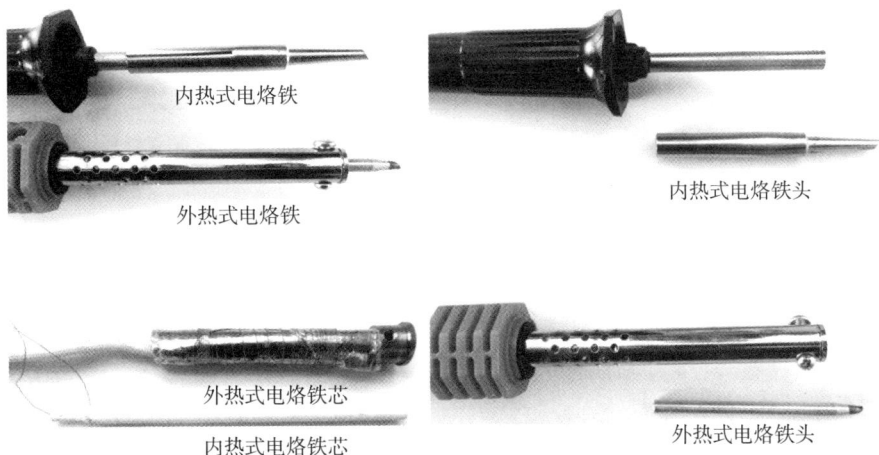

图 2-2　两种电烙铁主要组成比较

二、电烙铁的组装、检测与维修

1. 电烙铁的组装方法

不同种类的电烙铁组装方法不同，现以内热式电烙铁为例，介绍电烙铁的组装方法。

组装流程：检查组装件 → 安装烙铁芯 → 接烙铁芯引线 → 接电源线 → 连接烙铁芯支架与手柄 → 旋紧手柄上的螺丝 → 安装电烙铁头。

内热式电烙铁由带套筒的电烙铁头、电烙铁芯、烙铁芯支架、接线柱、电源线压紧螺丝、手柄、导线固定螺丝、电源线、电源插头等部分组成。

内热式电烙铁组装过程为：第一，将电烙铁芯插入电烙铁芯支架中，要将连接线露在外面，且确保两根线互不缠绕；第二，将电烙铁芯的两根引线分别按顺时针方向绕在接线柱螺丝根部，用尖嘴钳顺时针旋紧接线柱；

第二,将电源线端头剥皮镀锡后,分别插在接线柱圆孔中,用螺丝刀旋紧螺丝,再将手柄小心地安装在烙铁芯支架上并旋紧,旋紧的过程中,要保证电源线不随手柄一起转动;第四,用螺丝刀小心旋紧手柄上的螺丝,使导线端头镀锡部分固定在接线柱孔内;第五,将电烙铁头套在烙铁芯支架上,如有松动现象可用钳子稍夹紧或套上卡箍,直至电烙铁头朝下时不脱落为止。

安全提示:一是组装电烙铁时,要将电烙铁芯、电源线固定好,如果太松,在使用过程中易打火而烧毁接线柱。二是要在导线不动的前提下将手柄旋紧,防止导线与手柄同时转动而将导线拧坏或导致短路或断路。

2.电烙铁的检测方法

组装好的电烙铁需要用多用电表检测法或加热法检测后,才可使用。用多用电表检测包括:安全检测与发热情况检测,用多用电表检测电烙铁见图2-3。

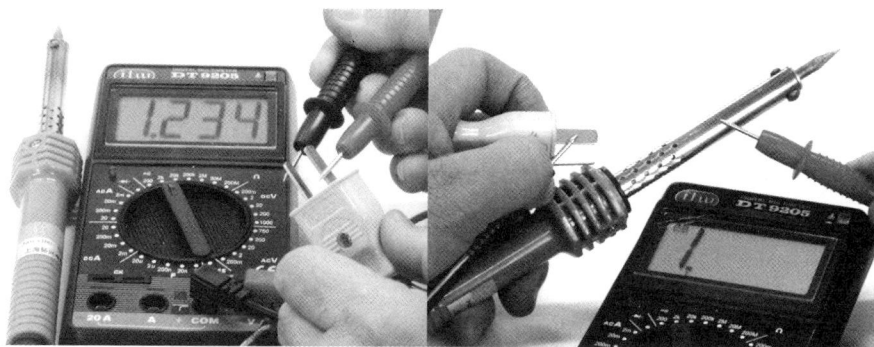

图 2-3　用多用电表检测电烙铁

安全检测是检查插头两个金属片间的电阻、两个金属片各自与电烙铁金属体之间的电阻。当两个金属片之间的电阻处于正常范围内时,说明内部连接良好,接通电源后电烙铁可正常发热。两个金属片与电烙铁金属体之间的电阻应为无穷大,此时说明电烙铁不漏电。当电阻很小或为零时,说明电烙铁金属体有带电的可能,需要拆开电烙铁重新检查。

发热情况检测是将插头插到插座上接通电源后,测试电烙铁是否正常发热。测试电烙铁头是否已热的方法是使电烙铁头的刃口接触带有松香芯的焊锡丝，当焊锡熔化且冒白烟时，说明电烙铁可以正常发热并已达到使用温度。也可用松香来检测电烙铁是否正常发热，当松香熔化时，说明电烙铁已开始发热；当沾在电烙铁头上的少量松香冒烟时，说明电烙铁已经达到了使用温度。切记不可用身体的任何部位来检测电烙铁是否已发热！

组装好的新电烙铁需要给电烙铁头镀锡。镀锡的方法是接通电源，当电烙铁刃口颜色改变时，快速使焊锡丝接触电烙铁刃口，当刃口处均匀镀上一层锡后，再快速撤走焊锡丝。电烙铁从接通电源到开始使用的时间和电烙铁的功率与室温有直接关系，不能简单地用时间来判断电烙铁是否达到了使用温度。

3. 电烙铁的维修方法

经常使用的电烙铁需要维修，维修内容主要包括电烙铁头的修整与更换电烙铁芯。当电烙铁头出现不沾锡现象时，需要用钢锉将其锉亮后，再重新镀锡。镀锡的方法是接通电源后观察，当光亮的刃口变色时，迅速使其接触带有松香芯的焊锡丝，当刃口镀满锡后，再撤走焊锡丝。

当电烙铁不能正常发热，用多用电表检测时，如插头两金属片之间电阻为无穷大，则说明电烙铁芯坏了或出现断路。烙铁芯损坏时，需要更换新烙铁芯后才能使用。更换方法是拆开电烙铁，抽出烙铁芯，更换成新烙铁芯后，再重新组装好。出现断路时，要查清原因，根据具体原因进行维修。组装后经检测没问题，才可试电烙铁是否正常发热，发热正常后，方可继续使用。

三、电烙铁的放置方法

1. 几种烙铁架

加热后的电烙铁需要放置在专用的支架上，使电烙铁头悬空，以防止将工作台的台面烫坏。电烙铁架有多种，不同的种类有不同的特点，有的还附加其他功能。如带铁夹，焊接时可用来夹电路板；有的带小盒，可用来放置松香或其他助焊剂。常见的两种电烙铁架见图2-4。

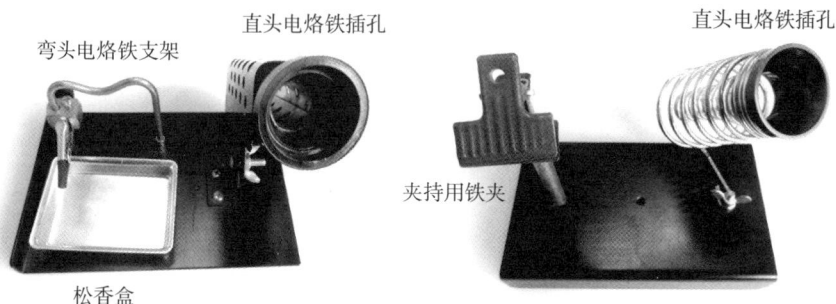

图 2-4　常见的两种电烙铁架

简易电烙铁支架可用粗铁丝弯制，可根据需要弯制体现个性特点的电烙铁支架。

2. 电烙铁的放置方法

加热后的电烙铁的烙铁头与金属体，均可导致人体烫伤，烫坏所接触到的物品或工作台台面，因此加热后的电烙铁不使用时，应放置在专用的电烙铁架上，使其发热部分不接触到怕烫的物品或台面。电烙铁的放置方法见图2-5。

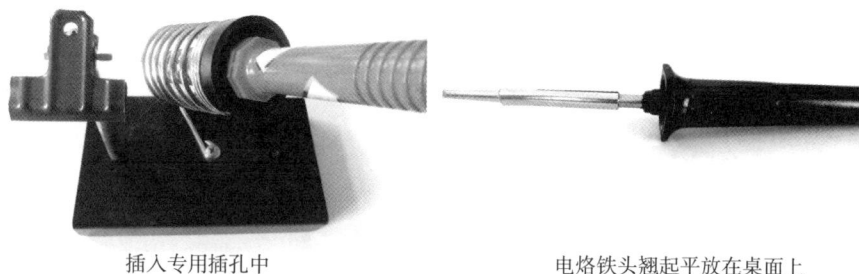

插入专用插孔中　　　　　　　　　电烙铁头翘起平放在桌面上

图 2-5　电烙铁的放置方法

图中第一种放置方法有利于电烙铁快速散热，因弹簧状金属体散热较快。第二种放置方法靠电烙铁手柄使电烙铁头翘起，这样放置也不会烫坏桌面，但与第一种放置方式相比，散热速度较慢。

四、焊锡丝与助焊剂

1. 焊锡丝

焊锡丝有不同的种类，每个种类的组成不同、熔点不同、用途也不同。焊锡丝除含锡外还含有铅，含铅量越高，其熔点越高。当含锡15%、含铅85%时，其熔点可达295℃，属于高熔点焊锡的范围。焊锡丝除标有锡与铅的

带松香芯的焊锡丝   松香

图 2-6 焊锡丝与松香

含量外，其规格常用直径表示，常用的焊锡丝直径范围为 0.5 ~ 3.0 mm。电子制作过程中用到的焊锡丝含锡63%、含铅37%，其熔点与凝固点均为183℃。课堂教学使用的焊锡丝要带有松香芯，其直径为 0.5 ~ 0.8 mm 最好。焊锡丝的直径超过 1.0 mm 时,适合于焊接所需焊锡数量较大的元器件。没有松香芯的焊锡丝，焊接时要使用助焊剂，否则会出现不沾锡现象。焊锡丝与松香见图 2-6。

2. 助焊剂

助焊剂是以松香为主要成分的混合物，是保证焊接过程顺利进行的辅助材料。多数电路板焊接盘上已涂有助焊剂，这种电路板焊接元器件时，不需要再使用助焊剂，可直接进行焊接操作。

除助焊剂外，还有一种物质叫阻焊剂。阻焊剂具有不沾锡且有一定程度的耐高温特点，在焊接操作过程中不会被破坏，常涂在电路板上，以防

止焊接时焊锡向四周扩散。阻焊剂一般是绿色或者其他颜色，最常用的方式是涂在电路板不需要焊接的部分，形成阻锡层。要想在有阻焊层的铜箔上焊接，需要将其刮至露出铜箔后再焊接，否则无法进行焊接操作。

五、其他工具与用品

1. 几种钳子和镊子

在电子制作过程中用到的钳子有剥线钳、偏口钳、尖嘴钳，除外，还要用到镊子。剥线钳主要用于剥去带绝缘层导线端头的绝缘层，对有多个切口的剥线钳，剥线时要选择好切口，防止剥绝缘层时伤到芯线或将芯线剪断。偏口钳主要用于剪切多股细导线与焊接后多余的元器件引线，不具有夹持与扭转功能。尖嘴钳主要用于弯折元器件的引线或用于组装时旋转小螺母与接线柱。镊子可用于焊接或拆焊时夹持元器件，焊接时夹住元器件引线，还具有散热作用。常见的几种钳子和镊子见图 2-7。

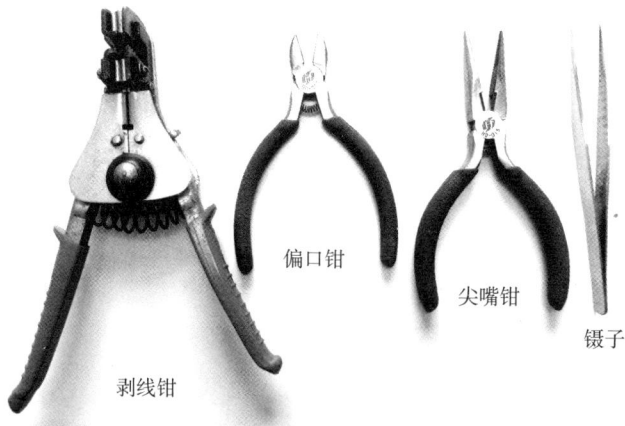

图 2-7　常用的几种钳子和镊子

2. 电路板

电路板又叫线路板，它是安装元器件的载体，各种元器件可按设计要求依次安装在电路板上。电路板有单面电路板与双面电路板两种，单面电路板一侧覆有铜箔，双面电路板两个面都覆有铜箔。电路板上有提前制作好的电路、焊接盘（焊盘）与插元器件引线的小孔。铜箔形成的电路，可使安装并焊接好的各种元器件有序连接起来形成工作电路。几种电路板见图2-8。

单面电路板无电路的一面，可称作元器件安装面，通常元器件安装在此面并使引线从引线插孔插到另一面。有电路的一面，被称作焊接面，元器件的引线，可在此面焊接在电路板的焊接盘上。电路板的两个面见图2-9。

单面单路板只适用于简单的电路，电子小制作常使用这种电路板。在工业生产与高科技领域中，单面电路板已被双面电路板所替代。双面电路板两个面都有铜箔，可设计制作形成更复杂的电路。

焊接面

元器件安装面

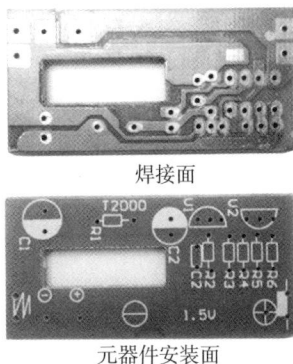

图 2-8　几种电路板　　　　　图 2-9　电路板的两个面

第二单元　认识元器件

一、常见的元器件

1. 常见的元器件

常见的元器件有电阻器、电容器、电感器、二极管、三极管、集成块、各种开关、扬声器、压电陶瓷片等。各类元器件按用途又可细分成若干品种，如二极管可分成普通二极管、发光二极管、光敏二极管、变容二极管等。除外，贴片元器件是一种新型元器件，我们应了解这类元器件的特点与使用方法。

（1）电阻器

电阻是电阻器的简称。它是一个限流元器件，可限制通过电路电流的大小。电阻有许多种类，阻值不能改变的称为固定电阻，阻值可变的称为可变电阻或电位器。

除外，经常用到的还有光敏电阻，它的阻值会随光照的强度而发生变化。光敏电阻有两种，一种是光越强，电阻越小。另一种光越强，电阻越大。

（2）电容器

电容是电容器的简称。它是一种能够储藏电荷的元器件，也是最常用的电子元器件之一。常见的电容见图2-10。常见的电容可分成普通电容与电解电容两大类，其中电解电容具有极性，普通电容无极性之分。电容具有能通交流、隔直流的特性，是电子行业使用非常广泛的元器件之一。

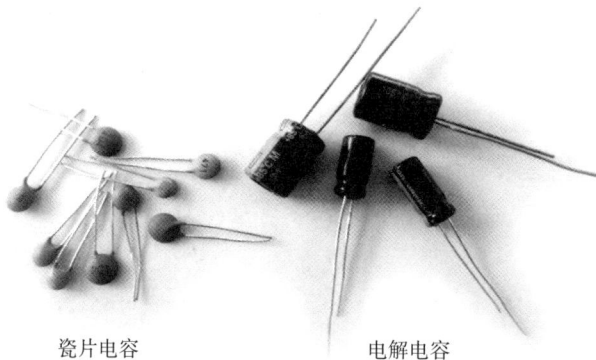

瓷片电容　　　　　　　　电解电容

图 2-10　常见的电容

（3）电感器

电感器是能够把电能转化为磁能而存储起来的元器件。电感器的结构类似于变压器，只是仅有一个绕组。从组成上可将电感器分为磁芯电感器与空心电感器两种，不同种类的电感器有不同的用途。电感器具有一定的电感，可阻碍电路中电流的变化。

（4）二极管

二极管有两个电极，具有单向导电性的特征。二极管有若干种类，最常见的有普通二极管、发光二极管、光敏二极管、变容二极管、整流二极管等。其中发光二极管作为一种新型光源，用途非常广泛。发光二极管见图 2-11。

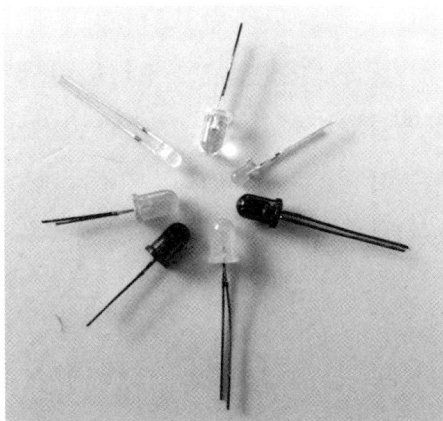

图 2-11　发光二极管

（5）三极管

三极管又叫半导体三极管。它有三个极，分别叫基极（b）、发射极（e）与集电极（c），使用时要注意区分三个极，否则三极管不能正常工作。常见的三极管有两种类型，一种为"PNP"型，另一种为"NPN"型。

"NPN"型三极管的示意图与图形符号见图 2-12。图中的数字表示三极管的型号，型号不同时其用途不同。"PNP"型三极管的图形符号与"NPN"型相比，只是发射极箭头所指方向不同。

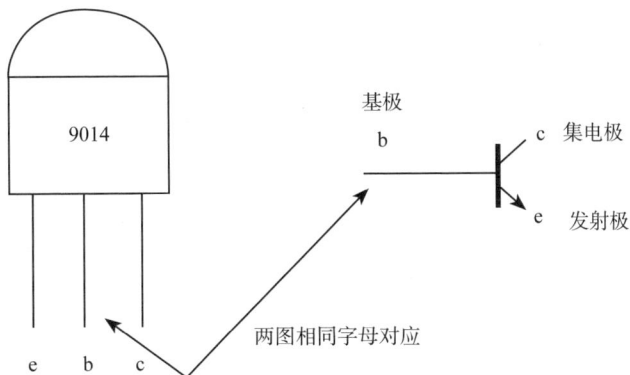

图 2-12　三极管的极性

（6）集成块

集成块是集成电路的俗称，常见的集成块见图 2-13。它是一种微型电子器件，是把一定数量的电阻、电容、晶体管等常用电子元器件及引线，通过半导体工艺集成在一起的具有特定功能的电路。集成块可以取代分立元器件完成电路功能，具有体积小、耗电少、可靠性高的优点。现代电子装置几乎无一例外地采用集成电路，随着科学技术的发展，集成电路的集成度越来越高。

集成块底座

图 2-13　常见的集成块

除以上元器件外，最常用到的还有各种开关。常见的开关见图 2-14。开关在电路中可用来控制电源的通与断。接通电源时，电路可以正常工作。断开电源时，电路停止工作。

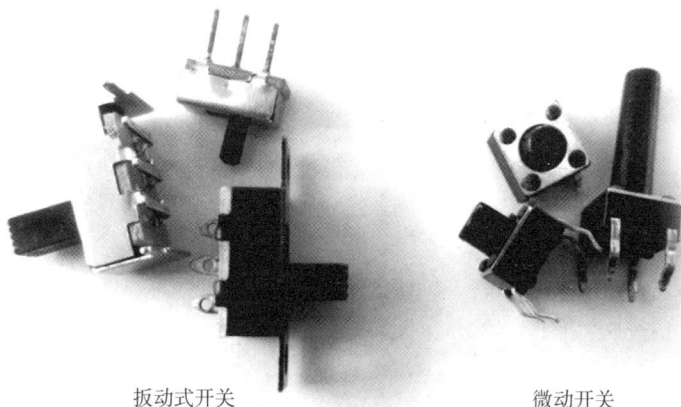

扳动式开关　　　　　　　　　微动开关

图 2-14　常见的开关

扳动式开关有三个接触点，扳动时可使中间的接触点与两边的一个点接触，而使电路接通。微动开关按动时，电路可接通；再次按动时，电路断开。

2.元器件的表示方法

不同元器件常用固定的字母与图形符号来表示，见表2-1。熟悉并正确使用不同场合下各种表示方法，是学习电子制作技术的基础。

表 2-1   元器件的表示方法

名称	字母符号	图形符号	名称	字母符号	图形符号
电阻器	R		光敏二极管	PD	
光敏电阻器	R		三极管	VT	
电容器	C	一般电容 可调电容 预调电容 电解电容	压电陶瓷片	HTD	
电感器	L		扬声器	B（BL）	
普通二极管	VD	正极 负极	开关	S（SA、SB）	
发光二极管	LED		集成块	IC	

3.电路图与安装图

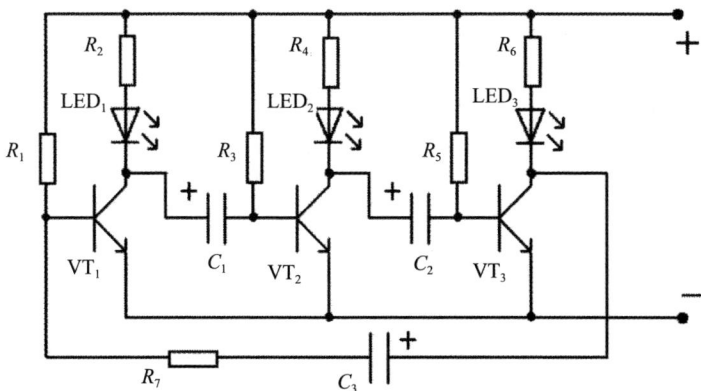

图 2-15   电路图实例

电路图又叫原理图，它是由元器件的图形符号、字母符号与连接元器件的线段组成的图。电路图实例见图 2-15。连线交汇处称为节点，从节点能看出各元器件的连接情况。电路图中有多个同类元器件时，常在元器件字母符号后面或下角加数字来区分，如 R_1，R_2，R_3 ……电路图中有时还标有元器件的型号、规格、数值等主要参数，如电阻的阻值、电容的容量等。有极性的元器件，还需标出其极性。根据电路图可分析出各元器件在电路中所起的作用与电路的工作原理。

安装图，又叫印制线路板图。安装图实例见图 2-16。它和电路图有较大的差别，是根据安装的实际需要绘制的。安装图确定了元器件安装时的准确位置，根据安装图能迅速找到某元器件在电路板上的位置，它为安装和维修工作提供了依据。安装图上，一般只标有元器件的符号和元器件引线的位置，不标出其规格、数据和型号。

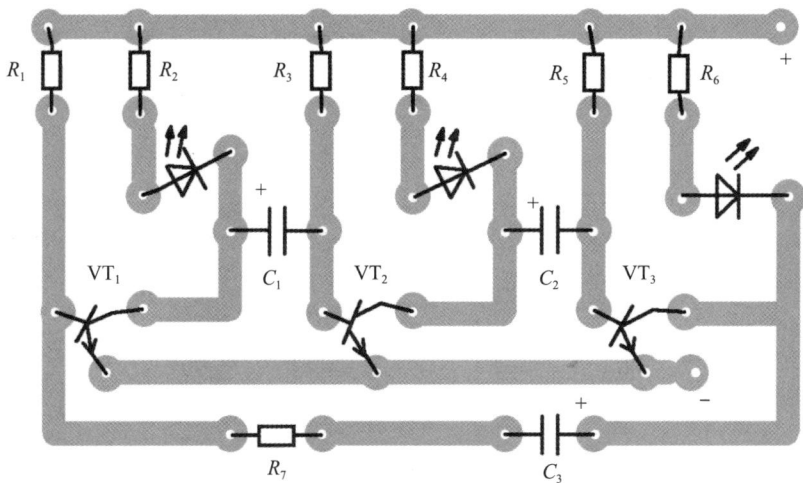

图 2-16　安装图实例

实际安装时，根据电路图中元器件的型号、规格和数值找出元器件，再按安装图，找到安装该元器件的位置，同时注意有极性元器件，不要装错。有时安装图上未注明元器件参数，可从原理图上查找。安装时要特别注意二极管、三极管、电解电容引线的位置，不能插错。安装完元器件应按安装图认真检查后，才能焊接。

二、元器件引线极性识别方法

电解电容、发光二极管、光敏二极管、三极管、集成块等元器件其引线都具有极性。识别元器件极性有外观识别法与测量法两种。外观识别法是根据元器件的某些特征来识别元器件的极性，其特点是方法简单，但有时有误差。测量法尽管操作复杂，但不存在误差问题。课堂教学过程中可两种方法配合使用。

1. 外观识别法

有极性元器件可以通过外观来识别引线的极性，其外观特征包括：引线长短、电极板大小、外观标记与引线排列顺序等。熟悉元器件的这些特征，能快速判断引线的极性。

发光二极管、光敏二极管从外观看，极片小的、引线长的为正极，极片大的、引线短的为负极。从外观判断发光二极管极性见图 2-17。除外，在塑壳下端边缘还有一个特征，在圆形塑壳边缘有一个平面，此处对应的引线是负极。

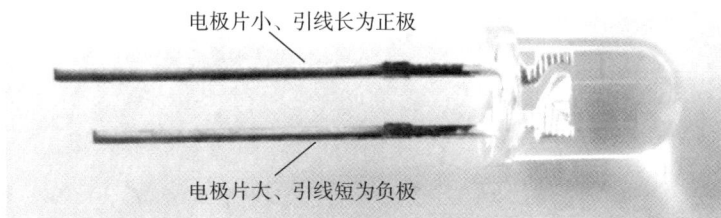

电极片小、引线长为正极

电极片大、引线短为负极

图 2-17 从外观判断发光二极管极性

三极管的引线排列方式是一定的，中间的引线是基极（b），另两侧的引线分别是集电极与发射极。哪侧是集电极，与三极管的引线、平面朝向有关系，当引线朝下、平面朝向观察者时，左侧为发电极（e），右侧为集电极（c）。

电解电容两引线长度不同时，长的是正极，短的是负极。除外，外壳上常标有"–"的一侧引线为负极。

2. 测量法

发光二极管引线的极性还可用通电法测试，接通电源二极管发光时，与电源正极接的引线为正极。发光二极管、光敏二极管，还可用多用电表测量电阻的方式准确判断正负极。

三、色环法识读电阻阻值

1. 色环电阻

电子制作过程中经常使用的是色环电阻，其中最常见的是四环电阻与五环电阻。色环电阻见图 2-18。五环电阻为精密电阻，通常用于科技、军事，航天等领域。除外，还有六环电阻，应用于对温度要求高的场所。

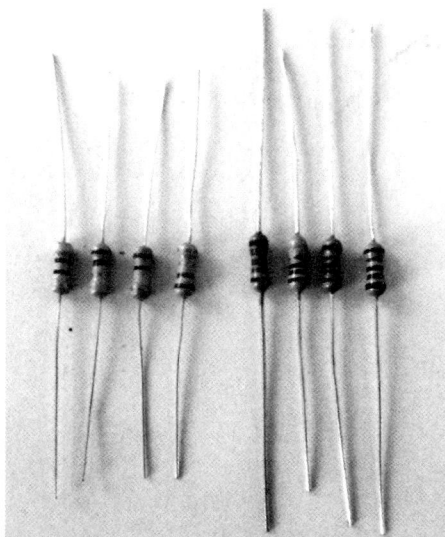

四环电阻　　　五环电阻

图 2-18　色环电阻

2. 色环法识读电阻值

色环法识读电阻阻值时，先要确定第一色环，确定了第一色环后，再依次识读其他色环。如四环电阻，其两端的色环哪个环距比第二色环大，那个环就为第一色环；除外，当一端的色环为金或银时，此端一定是第四环。色环电阻识读时，其单位为 Ω，识读后为了表示方便，可换算成 $k\Omega$。

　　四环电阻，第一道色环表示阻值的最大一位数字，第二道色环表示阻值的第二位数字，第三道色环表示需乘的倍数，第四道色环表示阻值允许的误差。

　　五环电阻，第一道色环表示阻值的最大一位数字，第二道色环表示阻值的第二位数字，第三道色环表示阻值的第三位数字，第四道色环表示数字后应乘的倍数，第五道色环表示误差范围，通常涂棕色。

　　六环电阻其前五个色环与五环电阻表示方法一样，第六个色环表示该电阻的温度系数。

　　当色环无法识别或想快速、准确知道电阻的阻值时，可用多用电表测量的方法，获取电阻的阻值。

　　色环电阻的色环颜色与读数见表 2-2。

表 2-2　色环电阻的色环颜色与读数对照表

颜色	第一环	第二环	第三环	第三或第四环（倍数）	第四或第五环（误差）
棕	1	1	1	10^1	±1%
红	2	2	2	10^2	±2%
橙	3	3	3	10^3	—
黄	4	4	4	10^4	—
绿	5	5	5	10^5	—
蓝	6	6	6	10^6	—
紫	7	7	7	10^7	—
灰	8	8	8	10^8	—
白	9	9	9	10^9	—
黑	0	0	0	10^0	—
金	—	—	—	10^{-1}	±5%
银	—	—	—	10^{-2}	±10%

　　颜色对应数字的记忆口诀：棕一红二橙三、黄四绿五蓝六、七紫八灰九白，黑是零，金五银十为误差。

　　色环识读电阻示例：

　　棕绿红金：棕（1）绿（5）红（10^2）金（误差为 5%），得出它的电阻值是 1500 Ω 或 1.5 kΩ，误差为 ±5%。

红紫黑橙棕:红（2）紫（7）黑（0）橙（10^3）棕（误差为 1%），得出它的电阻标称值是 270000 Ω，即 270 kΩ，误差为 ±1%。

四、电容容量的标识方法

1. 电容的标识方法

常见的电容的标识方法有直标法与数字标识法两种。电解电容的容量一般直接标在外壳上，而瓷片电容的容量常用数字标识法标注。

2. 数字与电容容量

瓷片电容容量有的是用数字表示的。一般用数字表示电容量时，常用三位数字来表示，电容量的单位是 pF。第一、第二位数字表示容量的有效数字，第三位数字表示有效数字后面零的个数。如 223 表示电容的容量为 22000 pF，或写成 0.022 μF。

五、元器件的安装方法

在电子作品中，各种元器件需要按一定的顺序安装在电路板上，不同的元器件安装方式不同，最常见的安装方式有立式安装法、卧式安装法与贴板安装法三种。有的元器件引线较长，安装方式可根据平面与立体空间选择，如电阻与电容，既可用立式安装法安装，也可用卧式安装法安装。有的元器件引脚较短，其安装方式是固定的。还有的元器件引脚与元器件外壳在同一平面上，无法穿过电路板，只能直接焊接在电路板焊接面上。

集成块有三种安装方式:一是安装在电路板安装面，其引脚穿过电路板并与焊接盘焊接在一起;二是直接焊接在电路板焊接面对应的焊接点上;

三是配有专用的插座，安装时先把插座焊接到电路板上，再用插接法将其插到插座上。

1. 立式安装法

有些元器件，可依靠引线直立在电路板上，这种安装方式叫立式安装法。电阻、电容、发光二极管、三极管，均可用立式安装法。用立式安装法安装元器件时，要有足够的空间。这种安装方式的特点是散热好，元器件产生的热量不会聚集在元器件上。

2. 卧式安装法

将元器件外壳紧贴在电路板安装面上的安装方式，叫卧式安装法。引线较长的电阻、电容、发光二极管、三极管，均可用卧式安装方式，使元器件紧贴在电路板上。有的元器件，只能用卧式安装法安装。卧式安装法可节约立体空间，与立式安装法比较，元器件的稳定性较好。

立式安装法、卧式安装法见图 2-19。

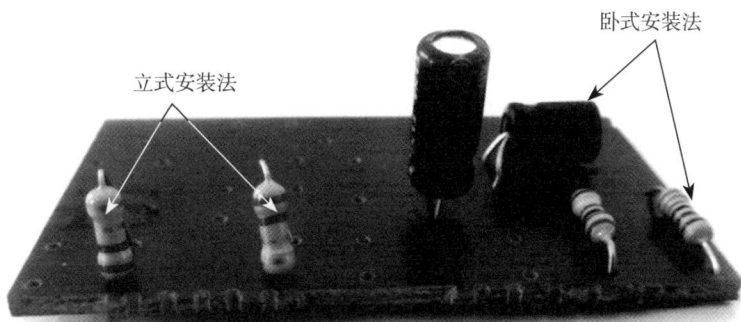

图 2-19　卧式安装法与立式安装法

3. 贴板安装法

有些元器件无法从电路板安装面进行安装，只能直接贴在焊接面对应的焊接盘上进行焊接，这种安装在焊接面的元器件的安装方式，叫贴板安装。部分集成块、贴片元器件等，只能用贴板安装法进行安装。贴板安装见图 2-20。贴板安装法与卧式安装法的区别，一个安装在焊接面，另一个安装在元器件安装面。

安装好的元器件有时容易脱落。为了防止元器件脱落，可利用引线自身的弹性使其固定在电

图 2-20　贴板安装

路板上，也可先将引线稍弯曲，焊接过程中再用电烙铁刃口将其扶直。除外，安装元器件时，应按由小到大、由低到高的顺序依次安装，防止先安较大的元器件后，妨碍较小元器件的安装。

集成块有三种安装方法：一是从安装面将引脚穿过电路板，在焊接面将引脚焊接到电路板上；二是直接焊接在电路板的元件焊接面；三是将集成块专用底座，从安装面插到电路板上，将底座的引脚焊接到焊接面，底座安装好后，再将集成块插到底座上。

第三单元　焊接技术

一、焊接技术

焊接技术是电子制作技术的核心内容，只有掌握了焊接技术才能完成电子作品的设计与制作工作。电子制作中的焊接技术与工业生产中的焊接技术有明显的不同，工业生产中的焊接按能源分有电焊、气焊等，按使用的焊接材料分有铜焊、锡焊等。

课堂教学中的焊接技术属于锡焊的范围，仅指用电烙铁在电路板上焊接元器件的手工焊接。在电子行业的大规模生产中，手工焊接早已被自动化焊接所取代，但此项技术曾经在科学研究、国防建设、航空航天等若干领域发挥过重要作用。作为一种实用技术，在小规模生产中与电子产品维修时仍在使用，且具有不可替代性。

焊接技术包括的主要内容有电烙铁及其他工具的使用方法与维修、焊接部位镀锡、元器件焊接、焊点修整、拆焊、焊接质量检测等。

1. 电烙铁的握法

焊接元器件时，主要用握笔式来握持电烙铁，这种握法便于焊接操作。电烙铁的握法见图 2-21。握电烙铁时，为了防止焊接过程中烫坏电源线，需将电源线置于手背一侧。焊接元器件用电烙铁的烙铁头一般呈斜面状（刃口）。使用过程中有两种朝向：第一种是刃口朝左侧，这样可抵住穿过电路板的元器件引线（或引脚）的根部，同时对焊接盘与元器件引线加热；第二种是电烙铁头的刃口朝下，主要用来给焊接部位镀锡或进行带锡焊接。

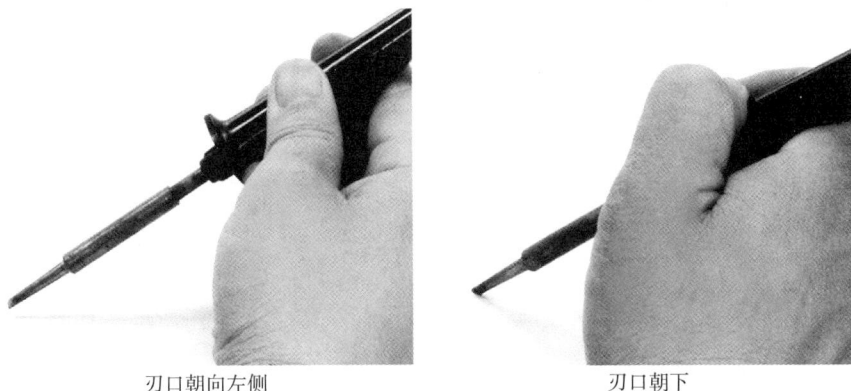

刃口朝向左侧　　　　　　　　　　　　刃口朝下

图 2-21　电烙铁的握法

2. 焊接部位镀锡

焊接后被焊锡覆盖的部位，可称为焊接部位。为了确保焊接时焊接部位易沾锡，焊接前可先在焊接部位镀锡。常见的焊接部位有扬声器、各种开关、电池卡子、压电陶瓷片的接线部位，还包括电路板上无孔的焊接处与剥去绝缘层的多股导线线头等。

镀锡与焊接是两个不同的概念，需要把二者区分开。镀锡是在即将要焊接的部位镀上一定数量的锡，为焊接做准备。焊接是将两个或多个需要连接的部分用焊锡连接在一起，使之成为一个整体。

3. 导线线头处理

在电子制作过程中常需要用带绝缘层的、多股导线，将各组成部分连接起来。带绝缘层的多股导线，使用前需要对导线的端头进行处理，包括剥去绝缘层、将多股芯线捻紧、给剥去绝缘层的部分镀锡，如镀锡部分过长时，可根据需要将其剪短。导线线头的处理见图 2-22。

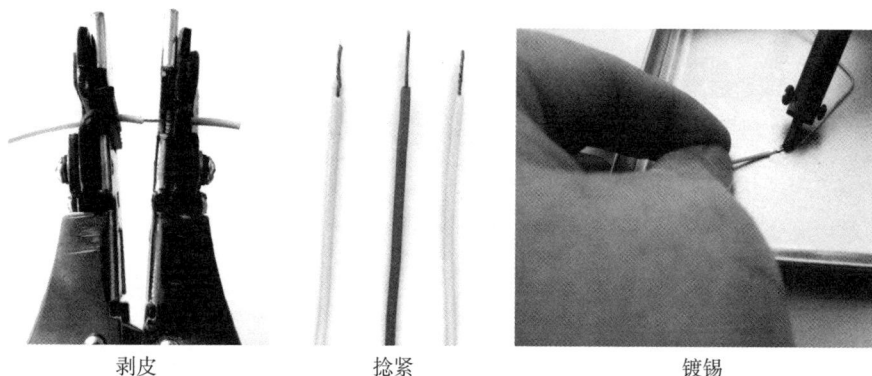

剥皮　　　　　　　　捻紧　　　　　　　　镀锡

图 2-22　导线线头的处理

给带绝缘层导线端头剥去绝缘层，又称为剥皮。操作前可选择剥线钳，不同的剥线钳使用方法不同，要根据需要选择。如使用有多个切口的剥线钳剥去绝缘层时，操作前需要先选择合适的切口，切口太大时不能完成剥去绝缘层的操作，反之部分芯线将被剪断。

剥去绝缘层的质量要求是，剥去绝缘层的长短合适、芯线无损伤现象（出现刻痕或剪断）。剥线过程中应防止损伤芯线，如芯线损伤可剪去重新剥皮。剥去绝缘层的长度，应根据需要来确定。如需将其与其他焊接部位焊接或穿进接线柱的孔中用螺钉压紧，剥去 5 mm 左右就足够了。如要绕在螺杆上用螺母来固定，需要剥去 10 ~ 20 mm 才能满足需要。

剥皮后的多股芯线呈散开状，为了使其成为一体，需要将其捻紧。捻紧操作的方法是：可右手捏住芯线，左手捏住未剥去绝缘层部分，逆时针旋转，至芯线捻紧为止；也可左手捏住未剥去绝缘层部分，右手顺时针将芯线捻紧。

对剥去绝缘层的部分，可根据需要进行镀锡操作，镀锡后多股芯线成为一个整体，且具有耐氧化的能力，既可与其他部位焊接在一起，也可穿进接线柱的接线孔中用螺钉压紧。镀锡操作可将带松香芯的焊锡丝放在需镀锡的部位，再使电烙铁的刃口向下接触焊锡丝，当剥去绝缘层的芯线均匀镀锡后，即完成了镀锡工作。如镀锡不均匀，还可再次进行镀锡操作。当镀锡部分超过了使用长度时，可用偏口钳剪至所需长度。

4. 焊接方法

焊接元器件主要有两种方法：一种是直接焊接法；另一种是带锡焊接法。这两种焊接方法，主要用来把元器件焊接在电路板上。直接焊接法焊接过程中，需使用带松香芯的焊锡丝，否则会发生不沾锡现象。

直接焊接法又有两种形式：一种是将穿过电路板的元器件引线或引脚与电路板焊接面焊接盘焊接在一起；另一种是在焊接面直接将紧贴在电路板上的元器件引脚，焊接在电路板对应的焊接部位上。

带锡焊接法，可用来将已镀过锡的两部分焊接在一起，还可用来给焊点补锡，以使焊点的焊锡数量达到焊接要求。

点锡焊接法，也叫双手焊接法，属于直接焊接法的一种，具有焊接速度快、操作简单、焊接质量高的特点，适用于多元器件快速焊接。焊接时右手握着电烙铁，使烙铁头刃口朝向左侧。左手捏着焊锡丝，从电烙铁刃口的相反方向接触焊接盘，并向元器件引线与焊接盘结合部位移动，当焊点形成后迅速撤走焊锡丝，片刻撤走电烙铁。点锡焊接过程见图 2-23。

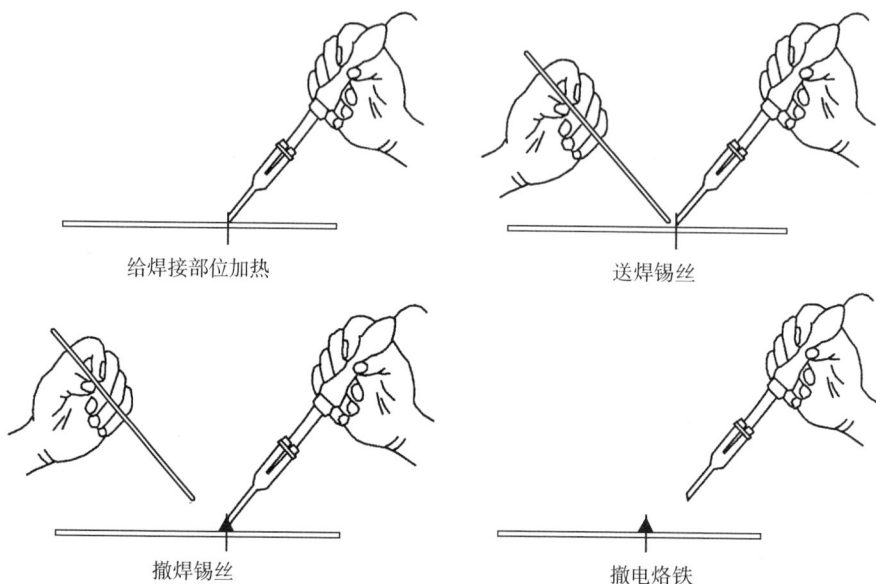

图 2-23   点锡焊接过程

对初学者来说，点锡焊接法可分成如下四个过程。

（1）给焊接部位加热

将达到使用温度的电烙铁刃口，从右侧顶在元器件引脚与电路板焊接盘交汇处，并使电烙铁与电路板平面成 45° 左右的夹角，加热 1 ~ 2 s。

（2）送焊锡丝

左手将焊锡丝从左侧先接触焊接盘，再向元器件引线根部移动。当焊锡丝开始熔化后，焊点很快形成。送焊锡丝的数量，决定了焊点的大小，因此一定要控制好送焊锡丝的量，使焊点大小均匀。送焊锡丝过程中，如焊锡丝直接接触电烙铁刃口，焊锡丝会快速熔化，并聚集在电烙铁头上，会出现焊接盘无焊锡现象。

（3）撤焊锡丝

当焊点形成且大小适中时，将左手捏着的焊锡丝迅速撤去，撤焊锡丝太晚了易导致焊点太大。撤焊锡丝的过程要保持电烙铁处于加热状态，以便使焊锡与被焊物进行充分的热接触，从而提高焊接的可靠性。

（4）撤电烙铁

撤去焊锡丝的片刻，要迅速将电烙铁从斜上方 45° 左右的方向撤走。如撤焊锡丝太晚，松香挥发完毕，会导致拉尖现象出现。如先撤电烙铁后撤焊锡丝，会导致焊锡丝与焊点处的焊锡凝固在一起，无法撤走焊锡丝。

焊接操作是一个连续的过程，初学者要通过练习逐步学会两手的配合，体验给焊接部位加热、送焊锡丝、撤焊锡丝及撤电烙铁的过程，逐步学会快速完成焊接，并得到合格的焊点。

焊接贴片元器件时，无法用点锡焊接法焊接，可将焊锡丝对准需要焊接的部分，再用电烙铁刃口朝下接触焊锡丝，焊点形成后迅速撤走焊锡丝与电烙铁。有的集成块也可用同样的焊接方法，焊在对应的焊接部位上。这种焊接方法具有焊接速度快、操作简单、焊点质量容易控制的特点。

带锡焊接法是使烙铁头刃口上带上少量焊锡并使其朝下，再接触镀过锡的两个部分，并使其焊接在一起。电池卡子、压电陶瓷片、开关等镀过锡的焊接部位，与镀过锡的导线端头连接时，均可用带锡焊接法完成焊接。当焊点的焊锡量不足时，也可用带锡焊接法进行补锡。带锡焊接法见图 2-24。

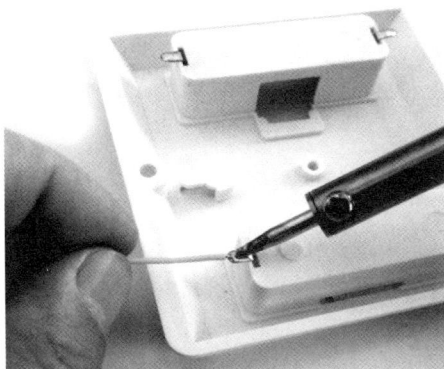

图 2-24　带锡焊接法

二、焊点修整与拆焊

初学者焊的焊点，很难一次达到焊接质量要求。对不合格的焊点，可通过修整使其达到合格。当元器件的位置出现错误时，还需要把焊好的元器件拆下来再重新焊接。焊点修整与拆焊，是焊接技术不可或缺的组成部分。

1. 焊点质量要求

焊接时，焊点的质量要求包括电接触性要求与外观要求两部分。前者是对焊接的质量要求，后者可使焊点美观。质量要求是电接触性能良好、无虚焊、假焊及相邻焊点连接现象。在质量达到要求的基础上，外观要求是焊点大小一致、焊锡充满焊盘、焊点表面光滑、无拉尖及歪斜现象。

焊接时易出现的质量问题是虚焊、假焊现象与导致短路的连接。虚焊表面上有时能看出来，这种现象能导致电路时通时不通。导致虚焊的原因是焊接时焊锡还未凝固，元器件发生了移动。假焊从外观看不出来，用多用电表测量时，需要焊接在一起的两个部分呈断路状态。导致假焊的原因是焊接时间太短，焊锡流动性不够或焊点处没有涂助焊剂，使焊锡在焊接部位上没有充分展开，也可能是焊接前焊接面与引线没有处理。假焊、虚焊是导致电子制作不成功的重要原因之一，焊接时应尽量避免假焊和虚焊。

焊接时，不同的焊点连接有两种情况，被同一铜箔连接且相邻的两个焊点连接时，对整个电路没有影响，属于合理连接。但两个相邻的焊点之间没有被铜箔连接时，相连后会导致短路，属于不合理连接。导致短路的连接从外观能看出来，对有阻焊剂的电路板来说，这种连接会跨越阻锡层。焊点过大与焊点歪斜，是导致短路连接的主要原因。

2. 焊点修整

焊点修整的重点是处理与电接触性有关的问题，否则电路不能正常工作，问题严重时，接通电源可导致元器件损坏甚至烧毁电路。处理完与电接触性有关的问题后，再处理焊点的外观问题，并尽可能使焊点达到预定的质量要求。

对明显能看出来的虚焊问题与检测到的假焊问题，可用电烙铁蘸少量松香接触焊点，这样虚焊问题能迅速被处理。假焊需要时间稍长一点，如仅用加热法无法处理，可将焊锡吸走后，把接触面处理好，再重新焊接。处理导致短路的连接，一是用电烙铁把连接处划开，对于由焊锡较多而导致相邻焊点相连时，也可用电烙铁带走部分焊锡，使连接处分开。

对外观不合格的焊点，可通过修整使其达到合格。修整时要根据不合格焊点的实际情况进行。焊点过小时，可用带锡焊接法补锡。焊点过大时，可用电烙铁带走部分焊锡。对出现拉尖现象的焊点，可使电烙铁刃口蘸少许松香，再接触拉尖的焊点，即可使焊点光滑。

在修整焊点时，松香的作用是增加液体焊锡的表面张力，使其自然成圆球状，这样焊锡自然冷却后，即可形成光滑的焊点。当松香挥发完后，熔化状态锡的表面张力减小，因此易产生拉尖现象。

焊接部位镀锡或直接焊接时，松香的作用是增加熔化状态下锡的浸润能力，使焊锡牢固地附着在焊接的部位或与镀点上的焊锡熔合在一起，只有这样才能使电接触性良好。

修整焊点的技巧与练习焊接一样，也需要通过实践来体验各种不合格焊点的修整方法，并找到导致出现这种不合格现象的原因，只有这样才能在焊点修整的过程中，进一步提高焊接的基本技能，使焊点一次性达到合格。

3. 拆焊工具与拆焊

拆焊是焊接的反过程，需要把焊接好的元器件从电路板上拆下来。在维修电子产品时，需要先把损坏的元器件拆掉，再把新元器件换上。在课堂教学过程中，当元器件的位置安装错误或引线的位置不正确时，也需要把元器件从电路板上拆下来，再重新焊接。拆焊专用工具见图 2-25。

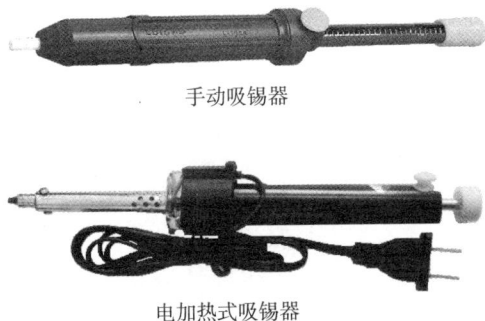

手动吸锡器

电加热式吸锡器

图 2-25　拆焊专用工具

电烙铁是焊接工具，也可当拆焊工具使用。拆焊需要先把焊点的焊锡熔化，并利用焊锡熔化的短暂时间，将元器件引线从引线插孔中抽出，这就要求操作时要迅速，否则焊锡凝固后，元器件又被固定在电路板上。对两个引线或引脚的元器件，可用交替加热焊接处的方式，在焊锡未凝固之前，将元器件从电路板上拆下来。

用普通电烙铁进行拆焊时，利用电烙铁头的带锡能力，将焊点上的焊锡带走。尖头电烙铁的带锡能力差，不能用来拆焊。拆焊最好选用刃口为斜面，且呈凹陷状的电烙铁头，这种电烙铁头带锡能力强。

拆焊时使电烙铁头的斜面朝向焊点一侧，并使焊锡熔化，当焊锡附着在电烙铁头上后，撤走电烙铁，此时焊点上的部分焊锡被带走。电烙铁头上携带的焊锡，可用在桌面上轻磕拿电烙铁手的方式，使其震落在指定的容器中。重复上面的操作，直到焊点上的绝大部分焊锡被带走，方可拆下元器件。拆焊过程中，要把拆下的元器件分类整理，拆下的焊锡可收集在一起，供带锡焊接时使用。

对有多条引线或多个引脚的元器件，可用吸锡器分别把焊点上的焊锡吸除后，再将元器件拆下。拆焊工具有手动吸锡器与电加热式吸锡器两种。手动吸锡器需要用电烙铁先把焊锡熔化，再用吸锡器把熔化的锡吸走。电加热式吸锡器自身具备加热使焊锡熔化的功能，常配有直径不同的吸嘴。用电加热式吸锡器拆焊时，只要将大小合适的吸嘴对准焊点，待焊锡熔化后，按动吸锡按钮，焊锡立刻被吸走。电加热式吸锡器拆焊操作见图 2-26。

图 2-26　电加热式吸锡器拆焊操作

吸锡器不用时，应使吸锡装置处于松弛状态，以防弹簧长期处于压缩状态而导致弹性降低。

第四单元　作品的设计与制作

实践活动 1：电子音乐门铃的设计与制作

【工具材料】

三极管、扬声器、触发开关组件、电池卡子（包括电池）、电路板、导线、外壳、电烙铁、烙铁架、焊锡丝、偏口钳、尖嘴钳、螺丝刀等。制作电子音乐门铃的材料见图 2-27。

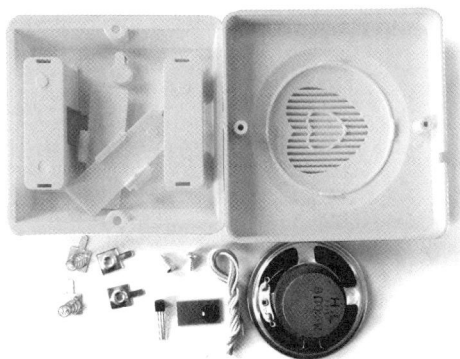

图 2-27　制作电子音乐门铃的材料

【教学目标】

1）了解电子音乐门铃在实际生活中的用途及使用方法。

2）经历制作过程，开拓创新思维，培育创新精神，能够以普通音乐门铃为基础，设计出适合不同人群、不同环境下使用的电子音乐门铃。

3）通过实际操作感受学习带来的快乐，在制作过程中感悟门铃在实际应用中所起的重要作用。在参与成果展示与交流评价活动过程中，展示、交流自己的创新设计构想与改进设计模式，并正确评价自己及他人。

【重点难点】

本节课的重点是门铃制作过程的设计与实施，其内容包括看懂元器件安装图、元器件安装、焊接部位镀锡、导线端头进行处理、开关部分焊接、元器件焊接和各部分的连接。

本节课的难点是安装在塑料外壳上的电池卡子与导线的焊接，因处理不好或焊接时间太长，塑料外壳会熔化。解决办法是先分别给安装在塑料外壳上的电池卡子接线处镀锡，再将镀好锡的导线线头焊在对应部位，这样因焊接的速度较快，不会导致外壳熔化。

【技术环节】

1. 主要技术环节

门铃的种类很多，制作过程中主要包括：识读元器件安装图、焊接部位镀锡、导线端头处理、开关部分焊接、元器件焊接和各部分的连接等技术环节。其中，焊接部位镀锡、导线端头处理、焊接是最核心的技术点，要通过练习掌握基本操作方法，为今后的学习打下基础。

2. 制作流程设计

识读安装图 → 元器件识别与引线极性判断 → 焊接部位镀锡 → 导线端头处理 → 电源与开关部分组装 → 焊接扬声器引出线 → 元器件焊接→ 各部分连接 → 外壳组装与测试。

3. 主要操作步骤

（1）准备工作

识读安装图、识别元器件、判断三极管引线极性、给焊接部位镀锡、处理导线端头都属于准备工作。做好这些工作，对完成门铃的制作至关重要。

（2）电源与开关部分组装

电源与开关部分组装，首先要把电池卡子安装在外壳的插孔中，再将各端的连接线焊接好，使两节电池串联在一起。按动式开关的组装，需要先知道怎样连接后，按动开关才能正常接通电路。安装好后，再将一端与电池卡子引出的导线焊接在一起。

（3）焊接元器件

制作门铃需要焊接的元器件只有一支三极管，将三极管按安装图焊接在电路板上，即完成了元器件的焊接。

（4）各部分连接

元器件的焊接与组装完成后，需要将电源与开关部分、扬声器的引出线焊接在电路板的相应位置。各部分连接完成，并检查各部分无误后，安装两节五号电池进行测试，如门铃正常发声，即可组装外壳了，如门铃不发声，需要仔细查找原因。

【问题诠释】

1. 焊接部位镀锡问题

焊接过程中被焊锡覆盖的部位可称为焊接部位，如电池卡子、扬声器的接线处、电路板上焊接导线处均可称为焊接部位。在课堂教学过程中，学生最易出现的问题经常发生在焊接部位，为了确保焊接质量达到要求、化解难点，要求学生在焊接前先给焊接部位镀锡，镀锡后再焊接就不易出现问题了。电池盒上电池卡子的镀锡部位见图2-28。

图 2-28　电池盒上电池卡子的镀锡部位

2. 导线端头处理问题

电子制作过程中常用带绝缘层的多股导线作为连接线使用，把各部分连接在一起形成完整的电路。怎样对带绝缘层的导线端头进行处理，也是学生操作过程中遇到的实际问题。针对这个问题，如将处理方法分解成剥去端头绝缘层、将多股芯线捻紧、给剥去绝缘层部分镀锡、如镀锡部分过长时再剪短四步，学生再操作起来就基本上不会出现问题了。

3. 各部分连接问题

在门铃制作过程中，可先把相对独立的几部分完成，最后再将各部分连接在一起。相对独立的部分包括：供电与开关部分、扬声器及其与电路板连接的导线、电路板部分。制作时先做哪部分都可以，最后要将连接电源的导线、连接扬声器的导线分别焊接到焊好元器件的电路板上。为了使学生清楚各部分的连接方式与连接点，可指导学生绘制连接图，并按图连接。如学生刚接触电路图与安装图，也可指导学生先对比电路图与安装图，弄清二者的关系后再进行焊接。电路板上的焊接位置见图 2-29。

图 2-29　电路板上的焊接位置

4. 学生创新设计问题

通常的门铃多数为按动触发式，作为本节课的拓展内容，教师可指导学生在门铃的触发方式上实现创新,如为盲人设计适合他们使用的声控电子门铃。

5. 教学建议

教师设计教学过程时,可根据学生的实际情况进行。前期基本操作技能训练较好时,可安排 1 课时完成门铃的制作过程;如没有进行过基本操作技能训练,可安排两课时完成门铃的制作。

6. 成果展示与交流评价环节设计

作为课堂教学的一个环节,进行成果展示与交流评价活动,能为学生展示自己搭建平台。为此,教师应根据教学的需要设计此环节,使学生有足够的时间展示自己,交流收获或经验教训。

实践活动 2：感应式交流验电器的设计与制作

【工具材料】

电阻器、电容器、发光二极管、CD4069 集成块、集成块底座、扬声器、扳动式开关、电池卡子（包括电池）、电路板、导线、外壳、不干胶标贴、电烙铁、烙铁架、焊锡丝、偏口钳、尖嘴钳、螺丝刀等。制作感应式交流验电器的材料见图 2-30。

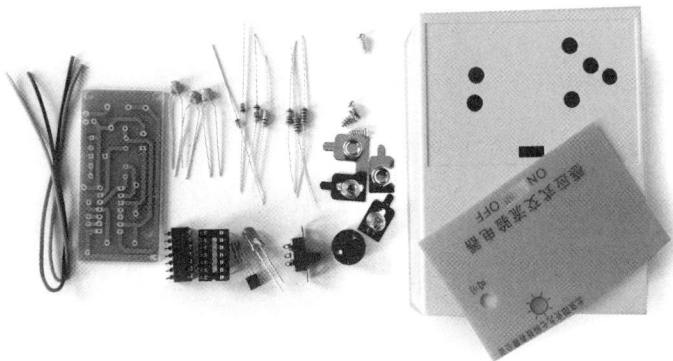

图 2-30　制作感应式交流验电器的材料

【教学目标】

1）了解感应式交流验电器的特点、使用方法、适用范围以及使用时应注意的问题。

2）知道感应式交流验电器的特点。通过实际操作学会调敏感度，并学会及时发现问题并寻求解决问题的方法。

3）通过实际操作感受学习带来的快乐。在制作调试过程中体验感应电路在实际生活中的用途。在参与成果展示与交流评价活动过程中，增强展示自己、与人交流并正确评价自己及他人的意识。

【重点难点】

元器件引线极性判断与正确安装是本节课教学的重点。

集成块底座焊接是本节课的难点。因焊点较近，焊接时要注意控制焊锡量，不能因焊点太大而导致短路。除外，要注意元器件的高度，元器件太高了会给外壳组装带来麻烦。

【技术环节】

1. 制作流程设计

识读安装图 → 识别元器件 → 安装元器件 → 元器件焊接 → 电源部分焊接 → 检测与调试 → 外壳组装。

2. 主要操作过程

（1）识读安装图

感应式交流验电器电路图与安装图较复杂，需要指导学生学会识图。可将两图对照，找到它们各自的特点。

（2）识别元器件

感应式交流验电器用的元器件较多，需要在分类的基础上逐一识别。

识别元器件包括把所用到的元器件与安装图一一对应，对同类元器件还要通过参数加以区分，对有极性的元器件要分清引线（或引脚）极性。准确识别每一个元器件及有极性元器件引线极性，可为元器件的安装做好准备。

（3）安装元器件

按由小到大、由低到高的顺序依次安装元器件。安装过程中要仔细检查元器件位置与有极性元器件的引脚（或引线）有无错误。安装好的元器件见图 2-31。

图 2-31　安装好的元器件

（4）焊接元器件

安装完元器件后，便可进行焊接了。焊接过程中要随时检查元器件有无脱落现象，并确保每个焊点的质量。焊接完成后，可将集成块安装在底座上。安装时要注意底座与集成块上的标识，不可安装错了。

（5）电源部分焊接

电源部分的焊接，主要是把电池卡子、开关用处理好端头的导线连接起来，最后，再焊接到安装好元器件电路板的焊接点上。

（6）检测与调试

需要焊接的部分全部焊接好并检查无误后，即可通电测试。测试电路没问题时，还需调节灵敏度。如果感应太灵敏，可将连接集成块第一脚的铜皮去掉一些；相反不灵敏，可将一根 5 cm 的导线焊接在集成块的第一脚。

（7）外壳组装

焊接电源线，正负极不要焊错。焊接的方法是用电烙铁将开关固定在外壳上，再用螺丝将电路板固定好，最后安装好后盖，即可使用。

【问题诠释】

1. 焊接质量要求问题

感应式交流验电器制作需要的元器件较多，制作过程中要仔细识别每个元器件。安装元器件的过程中，元器件的位置与引线极性均不能搞错。焊接过程中要焊好每一个焊点，处理好每个线头。某个元器件或一个焊点存在问题，就可能导致整个系统不能正常工作。学生操作前，教师要指导学生准确识别所有元器件、有极性元器件引线极性及各元器件的位置。安装好元器件并检查无误后，再进行焊接操作。学生进行焊接操作时，教师要根据学生遇到的问题给予及时的指导，并检查学生所焊接的焊点是否达到质量要求。

2. 灵敏度调节问题

因每个元器件的参数都有一定的差异，元器件安装好后需要对感应式交流验电器的灵敏度进行调节，以使其达到预设的测试能力。教师在教学过程中，要指导学生做好相应的调节工作，以确保学生的作品能够成功。

3. 集成块底座焊接问题

焊接集成块底座时，焊点过大易导致两个引脚短路，因此最好用尖头电烙铁。没有尖头电烙铁时，可用刃口为斜面的电烙铁焊接。焊接时可用控制送焊锡丝时间来控制焊点的大小。如发现两个焊点连在了一起，可用吸走部分焊锡的办法使其断开。除外，焊接集成块底座时，应将集成块拔下来，否则集成块有可能被损坏。

4.课堂教学设计问题

对有一定基础的学生来说，此作品两课时可以完成。但要确保每个同学都成功，需要教师的指导，特别是灵敏度调整，学生独立完成是有一定困难的。从实际考虑，有的学生可能用一节课就基本做完了，可让这些学生帮助其他同学完成制作，还可为成果展示与交流评价做好准备。

电子制作技术学习内容达到的标准与检测方法

序号	学习内容	达到标准	检测方式
1	工具使用	熟悉本单元涉及的工具规格、使用方法、适用范围与使用注意事项	从实际操作中观察、分析、判断
2	电烙铁组装操作	能快速组装电烙铁，一次性达到合格	观察实际操作、检测电烙铁
3	电烙铁检测操作	能迅速用多种方法判断电烙铁能否使用，对不能使用的电烙铁能准确判断存在的问题及解决的方法	观察实际操作
4	电烙铁头修整操作	能快速对不沾锡的烙铁头进行修整，并完成重新镀锡的操作，能根据焊接需要修整烙铁头	观察实际操作
5	元器件引线识别	会用观察法快速识别元器件引线极性，能用多用电表检测法判断元器件引线极性，能用多用电表测量法判断元器件引线极性	观察实际操作
6	色环法识读电阻的阻值	会准确、快速地根据色环读取电阻阻值与误差，能用多用电表测定电阻阻值	观察实际操作
7	瓷片电容容量确定	能迅速根据数字准确判断瓷片电容容量	观察实际判断
8	识读电路图与安装图	能将电路图与安装图配合使用，能利用安装图安装元器件	观察实际教学
9	元器件安装操作	能合理选择安装方式，安装顺序设计合理，所安装元器件无自动脱落现象、无位置与引线极性错误	观察实际操作

续表

序号	学习内容	达到标准	检测方式
10	焊接部位镀锡操作	操作规范,焊锡充满焊接部位,满足继续焊接要求	观察镀锡部位的镀锡情况
11	导线线头处理操作	能合理选择与使用工具,操作规范、迅速	观察操作与处理后的导线线头
12	焊接操作	能根据实际情况选择焊接方法,所有焊点能一次性达到质量要求	观察实际操作与焊接的焊点
13	焊点修整操作	能根据焊点情况选择修整方法,能准确判断电接触性与外观不合格的焊点,修整操作规范、速度快	观察修整后焊点达标情况
14	拆焊操作	会用普通电烙铁快速拆下两个引脚的元器件,会用电加热式吸锡器拆卸多引脚元器件	观察实际操作

模块 3
金工制作技术

金工制作技术学习内容与基本操作技能

单　元	知识与技能	细　目
第一单元 常见工具及其使用方法	一、划线与测量工具	1．划线工具
		2．测量工具
		3．划线方法
	二、夹持类工具	1．常用夹持工具
		2．台虎钳、桌虎钳的使用方法
	三、剪切工具	1．常用剪铁剪刀
		2．剪铁剪刀剪口松紧度的调整
	四、锯割工具	1．钢锯
		2．简易钢锯
	五、其他工具	1．钢锉
		2．什锦锉
第二单元 常见金属材料	一、常见金属	1．几种常见金属
		2．其他金属及合金
	二、常见金属型材	1．金属板材与线材
		2．金属管材与连接件
第三单元 锯割技术	一、材料的固定方法	1．台虎钳（或桌虎钳）固定
		2．材料固定
	二、钢锯条的安装与调节方法	1．钢锯条的安装
		2．钢锯条的调节
	三、锯割操作	1．锯割技术
		2．锯割注意事项
第四单元 剪切与弯折技术	一、在金属板材上划线	1．划线前的准备
		2．划线
	二、薄铁板的剪切	1．剪铁剪刀的握法
		2．剪切注意事项
		3．剪切方法
	三、金属丝的弯折与矫直	1．金属丝的弯折
		2．金属丝的矫直
第五单元 作品的设计与制作	实践活动 1：小铁簸箕的设计与制作	
	实践活动 2：金蝉脱壳的设计与制作	

第一单元 常见工具及其使用方法

一、划线与测量工具

1.划线工具

常用的划线工具主要有划针、划规。划规主要用来划圆、圆弧或等分线段等。划针主要配合直尺、钢板尺划直线和角。划线是在物体表面划出印痕，使物体表面受到破坏。画线是在物体表面留下印迹，使物体表面上多了一种物质。因金属表面上的画线易被擦掉，故加工金属时多采用划线的方式。

划线前要准备好划线工具，初步检查工件能否满足加工要求，及时发现和处理不合格工件，避免加工后造成损失。划线要求确定划线基准，测量准确，划线准确、清晰。划线的作用是确定加工余量，明确加工界线，确定工件上各加工面的加工位置，合理分配加工余量，使加工有明确的尺寸界线标志。划线分平面划线和立体划线两种。

2.测量工具

常用的测量工具有直角尺、钢板尺。使用测量工具时要确保测量准确。测量工具除测量外，还经常配合划针进行划线。

常见的划线与测量工具见图3-1。

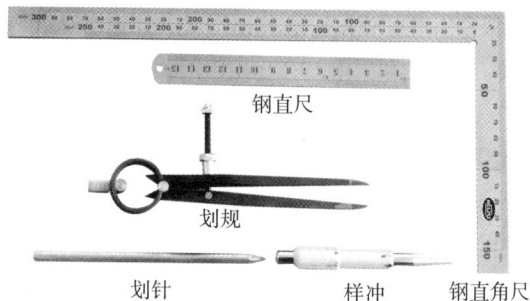

图 3-1 常见的划线与测量工具

3. 划线方法

（1）确定划线基准

在划线时，要先选择被划物体上的某个点、线、面为划线依据，划其他加工的点、线、面。作为依据的点、线、面即为划线基准。

（2）测量

测量是准确划线的前提，可根据加工需要，确定测量精度。还需根据设计图纸选择测量工具，如直角尺、直尺、半圆仪等是常用的测量工具。读数时眼睛要与刻度垂直，不能斜视。

（3）划线

用划针划线时，右手握划针，左手按住划线工具和被划线物体，划针紧贴划线部位划线。用划规划弧线时，可先用样冲确定好中心点，再划弧线。划线要求准确、清晰。加工之前，应认真检查划线有无错误。

划线工具，也可用折断的钢锯条或自制划针替代。自制划针过程如下：第一，选取木质较软的木材（如松木、杨木），将其加工成圆柱状，长约 150 mm，直径约 10 mm 的木棒；第二，截取直径为 1 ~ 2 mm，长约 30 mm 的钢丝，将其一端磨尖，从木棒一端中心处钉入；第三，用砂轮将钉入钢丝的一端加工成圆锥状，如果没有砂轮，也可像削铅笔那样加工；第四，用油石将钢丝磨尖。钢丝也可用适宜的钢钉代替。自制划针见图 3-2。

图 3-2　自制划针

二、夹持类工具

1. 常用夹持工具

金工教学中常用夹持工具主要有两种。一种是利用螺栓固定在工作台面上，叫台钳或台虎钳，有条件的可将其固定在专用工作台上供教学使用；另一种是利用顶丝装置（紧固螺栓）固定在桌子边缘，叫桌台钳，也叫桌虎钳，这种桌虎钳便于拆装移动，常作为课堂教学的夹持工具使用。台虎钳和桌虎钳按固定方式分，有固定式和回转式两种，其中回转式可以在其底座固定后根据加工需要通过旋转钳身调整钳口角度，方便加工，而固定式其底座固定后则无法调整钳口角度；按使用功能分有带砧座和不带砧座两种，带砧座的可以在砧座上进行敲击操作，无砧座的则无此功能。通常台虎钳和桌虎钳的规格常用钢质钳口的宽度来表示。台虎钳组成见图3-3，桌虎钳组成见图3-4。

图 3-3　台虎钳组成

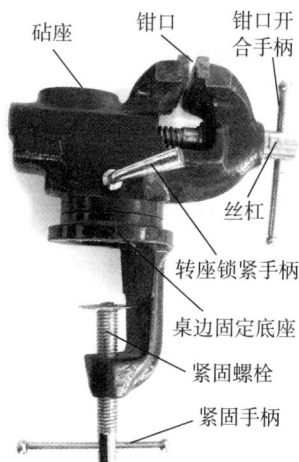

图 3-4　桌虎钳组成

2. 台虎钳、桌虎钳的使用方法

使用台虎钳和桌虎钳时，应先把其固定在工作台或桌边上，固定好后即可使用。使用时将转动手柄逆时针转动，使钳口张开，把需夹持的物体放在钳口的合适位置，顺时针转动手柄直到无法转动为止，此时需夹持的物体被固定在钳口上。取下被夹持物体时，一手握住被夹持物体，另一只手逆时针转动手柄，当钳口松动后，可将被夹持物体取下。如不先用手握住被夹持物体就转动手柄，可导致被夹物体掉落，易发生危险。

三、剪切工具

1. 常用剪铁剪刀

剪铁剪刀又叫白铁剪，它由工具钢制成，是剪切金属薄板的专用工具。剪铁剪刀主要用来剪切厚度为 1 mm 以下的薄铁板，不能用来剪切金属丝或较厚的铁板及钢板，以免将刃口损坏。剪铁剪刀是由剪柄、剪口、连接铆钉等部分组成。剪铁剪刀的组成见图 3-5，两种剪铁剪刀见图 3-6。

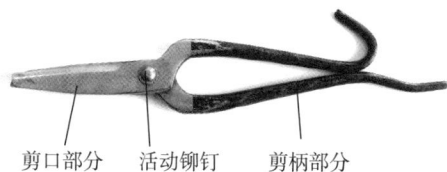

剪口部分 活动铆钉 剪柄部分

图 3-5 剪铁剪刀的组成   图 3-6 两种剪铁剪刀

剪铁剪刀的规格用全长来表示，常用的规格有 200 mm，300 mm，450 mm 等。不同规格的铁剪刀加工能力不同，剪铁剪刀规格越大，剪切薄铁板的能力越强，所以可以根据加工的需要选择不同规格的剪铁剪刀。

2. 剪铁剪刀剪口松紧度的调整

剪铁剪刀在使用过程中剪口会逐渐变松，导致剪口咬合时产生缝隙，不利于剪切操作，甚至会导致铁板夹在剪口中间。剪口过松时，可将剪铁剪刀平放在台虎钳（或桌虎钳）的砧座上，一手握剪刀柄使活动铆钉下端顶在砧座上，一手持手锤敲击活动铆钉上部。敲击的方法是沿铆钉头部边缘绕圈敲击，可反复多次敲击，也可敲击完一侧，翻过来敲击另一侧。敲击过程中要随时检查，直到剪口松紧合适为止。

如调整后出现剪口过紧现象，可取一螺纹直径约 10 mm 的螺母放在砧座上，一手握剪刀柄将活动铆钉下侧置于螺母内，一手持手锤敲击活动铆钉上部，敲击后测试剪口开合情况，如还是过紧可再进行一次，直到剪口松紧度适宜为止。

四、锯割工具

1. 钢锯

钢锯又叫手锯，是金工制作中常用的锯割工具。钢锯主要由钢锯架和锯条两部分组成。钢锯架有固定式和可调式两种，后者使用更方便。两种钢锯见图3-7。

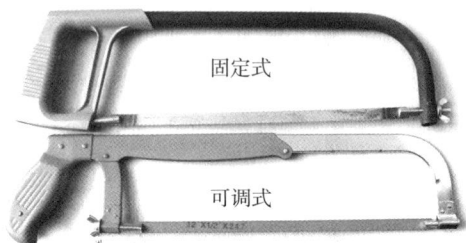

图 3-7　两种钢锯

可调式钢锯架主要由手柄、固定锯梁、可伸缩锯梁、锯条固定部件等部分组成。锯条前端固定部件由铆钉部分、方形部分、圆形部分与销钉组成。其中方形部分用来固定锯条不使其转动，圆形部分用来改变锯条锯齿侧朝向。活动锯梁上有卡槽，用来改变钢锯架的长短，以安装不同长度的锯条。锯条两端的孔可穿在销钉上，并紧贴在锯条固定装置的平面上。

钢锯架前后两端各有方孔，用来穿钢锯条固定装置。锯架前端的锯条固定装置一般不能卸下来，主要是防止没装钢锯条时丢失。钢锯架两端固定钢锯条的装置由翼形螺母、垫圈、方形卡头组成。方形卡头上有固定销钉。钢锯架组成见图3-8，两端固定锯条装置见图3-9。

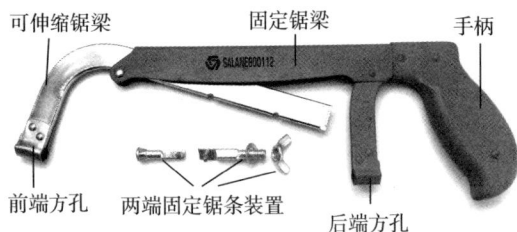

图 3-8　钢锯架组成

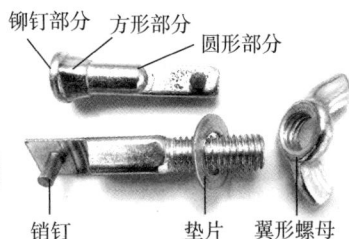

图 3-9　两端固定锯条装置

钢锯的锯条是用钢制成的，具有较高的硬度，但较脆，使用不当易折断。锯条根据齿间的距离分为粗齿、中齿、细齿三种。粗齿的齿距为

1.4 ~ 1.8 mm，中齿的齿距为 1.2 mm，细齿的齿距为 0.8 ~ 1.0 mm。

锯条的规格常用长 × 宽 × 齿距来表示。如 300 mm × 12.7 mm × 1.0 mm 表示锯条两端圆孔间的长度为 300 mm，锯条的宽度为 12.7 mm，锯条两个锯齿间的距离为 1.0 mm。还可用 1 英寸内的齿数（或 25.4 mm）来表示，齿数又被称作牙。齿距与牙的关系为 1.0 mm 对应 24 牙，1.4 mm 对应 18 牙，1.8 mm 对应 14 牙。钢锯条在制作过程中就形成了锯路，使其在锯割过程中不会出现夹锯现象。不同齿距的钢锯条锯路宽不同，齿距与锯路宽的对应关系为 0.8，1.0/0.90；1.2/0.95；1.4，1.8/1.0；单位均为 mm。

锯条的长度有 300 mm，250 mm，200 mm 三种规格。可调钢锯架，以上三种长度的锯条都可以用，固定式钢锯架，只能用 300 mm 的锯条。

锯割不同的金属材料时，可选用不同齿距的锯条。粗齿锯条用来锯软钢、铝、铜、塑料等材料，中齿锯条用来锯割管子、钢、铸铁等材料，细齿锯条用于锯金属薄板、薄壁金属管等材料。

2. 简易钢锯

除前面介绍的钢锯外，还有一种塑料柄的简易钢锯。它的优点是锯割时锯条不易折断，已折断的锯条还可以再用。它的不足是锯弓和锯条的距离太近，不能锯较厚、较硬的材料。它适合普通钢锯无法使用的场合，如孔中有需要锯割的部位，锯条可伸进去进行锯割。简易钢锯见图3-10。

图 3-10　简易钢锯

五、其他工具

1. 钢锉

钢锉又叫锉刀，是对金属材料进行锉削加工的专用工具。钢锉用优质

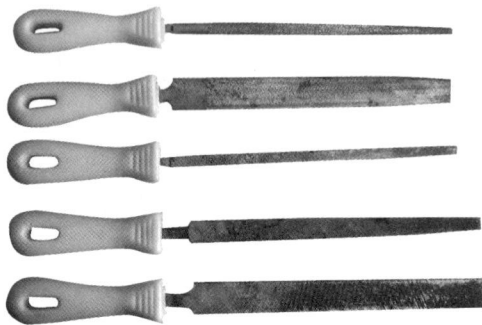

图 3-11　常见钢锉

高碳工具钢制成，具有较高的硬度，较脆。常见钢锉如图 3-11。

钢锉主要由锉刀工作部分与手柄组成。工作部分是指锉刀面，有些钢锉工作部分包括刀面和刀边（没有锉齿的刀边称光边），有齿的锉刀面和刀边是用来锉削的部分，手柄通常用木料或塑料制成。单纹锉常用来锉削软金属。

钢锉的规格是以锉刀的长度、锉齿粗细及断面形状来表示的，使用时应根据需要选用。常用规格有 150，200，250，300，350，400 等，单位均为 mm。

用钢锉把金属的某部分锉掉或按实际要求改变金属的几何形状的操作，叫锉削。锉削可以改变金属表面的粗糙程度，使金属表面变得平滑，还可将金属表面锉出凹槽或曲面。锉削技术在金工制作过程中经常用到。锉削的主要工具是钢锉，课堂教学中需将金属断面打磨光滑时，可用砂纸代替钢锉。当锉削量较大时，应用钢锉进行锉削。

锉削前要根据实际的需要选择大小、形状和粗细不同的钢锉。将金属表面锉平时，可选用锉面较宽的平锉；需要改变金属表面或金属孔的形状时，可选用圆锉或三角锉。锉的大小与形状，可根据锉削面的大小与锉削要求选择。不同规格的钢锉握法不同，大、中型锉，应右手握锉柄，左手握锉尖。大中型钢锉握法见图 3-12。

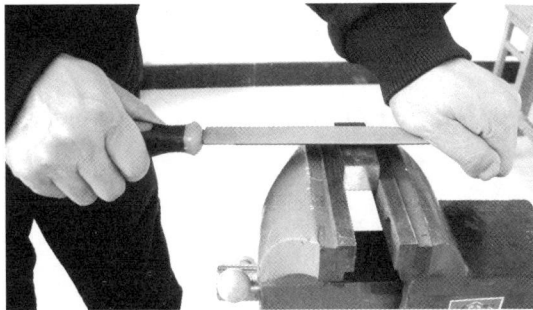

图 3-12　大中型钢锉握法

2. 什锦锉

什锦锉主要用来修整锉削。常用来锉削或修整金属工件的表面和孔、槽以及修整螺纹或去除毛刺。什锦锉用全长表示，常用规格有 100 mm，120 mm，140 mm，160 mm，180 mm 几种。什锦锉属于小型锉，可只用右手握锉柄。小型钢锉及握法见图 3-13。

图 3-13　小型钢锉及握法

第二单元　常见金属材料

在我们身边有一大类物质，它们有共同的特征：通常具有特有的光泽，具有良好的导电导热性和可塑性，我们把这类物质叫金属。铁、铝、铜这三种金属，在日常生活中应用非常广泛，是最常见的金属。在日常生活和工农业生产中，除直接应用某些金属外，还经常用到一类叫合金的物质。合金是由金属和金属或金属和非金属熔合而成的物质。合金具有原金属的特性，但又不同于原来的金属。铁合金在日常生活和工农业生产中应用非常广泛。在实际应用中几乎不用纯铁。钢是一类铁的合金，它的主要成分是铁，还含有少量的碳或其他金属。钢的含碳量不同时，其硬度不同。生铁是一种含碳量较高的铁合金，除含碳外还含有一些杂质。焊锡丝是由锡与铅按一定比例制成的合金。常见的金属丝在外力作用下可以拉长，金属丝用锤子敲打时可以改变形状，金属的这些性质叫延展性。值得注意的是，有些合金具有延展性，有的合金没有延展性，如生铁具有较高的硬度，但不具有延展性。日常生活中用来炒菜的铁锅，有些是用生铁制成的，在外力作用下可以破碎。钢是一种用途十分广泛的铁的合金，钢有许多种类，不同种类的钢用途不同。含碳量较高的钢，具有较高的硬度，常用来制作各种工具和刀具。如剪薄铁板用的剪刀，就是用含碳量较高的钢制成的。钢锯的锯条也是用硬度较高的钢制成的。一般说来，钢的硬度越大，其延展性越差。

一、常见金属

1. 几种常见金属

（1）铁

在我们的生活里，铁可以说是地球上最重要、最丰富的金属。在日常生活中见到的多是各种铁合金制品。车辆、道路、桥梁、轮船、码头、建筑等均离不开钢铁制成的各种型材构件。

比如，我们常见的烟筒、铁簸箕、水桶等日常生活用品是用镀锌铁板材料制作的。为了防止铁板生锈常在铁板上镀一层锌，这种铁板又叫白铁。用于制造各种罐头筒、饮料筒的铁板上镀有一层锡，这种铁板叫镀锡铁板，又叫马口铁。镀锡铁板在镀层不受损坏时，一般不易生锈，又因其没有毒，常用于制造各种饮料桶或用于盛放各种食品的容器。但镀层损坏后，极易生锈。在使用铁板制作金属物品时，要保护镀层尽量不受损坏。在生活中，人们常将铁、铁合金材料加工成各种所需形状供日常的生产生活使用。如铁钉、铁铲、角铁、钢筋、螺栓、螺母等。

人体中铁是不可缺少的微量元素。一个正常的成年人全身含铁相当于一颗小铁钉的质量。人体缺铁会引起贫血症。铁还是植物制造叶绿素不可缺少的催化剂。如果一盆花缺少铁，花就会失去艳丽的颜色与芳香，叶子也会发黄枯萎。

（2）铝

铝密度小，虽然它比较软，但可制成各种铝合金。这些铝合金广泛应用于飞机、汽车、火车、船舶、航天、电力等方面。例如，一架超音速飞机约由 70% 的铝及其合金构成。船舶建造中也大量使用铝，一艘大型客船的用铝量常达几千吨。用铝线输送同量的电，铝线的质量只有铜线的一半。用铝制成铝箔纸可用于包装糖果（过去用锡箔纸，现大部分用铝箔纸）、饮料、巧克力和药片等。铝的表面形成氧化物后不易受到腐蚀，常被用来制造化学反应器、医疗器械、冷冻装置、石油和天然气管道等。铝板对光的反射性能也很好，常用来制造太阳灶反射镜。铝具有吸音性能，音响效果也较好，所以广播室、现代化大型建筑室内的天花板常用铝板。

（3）铜

铜常被广泛用在和电有关的方面。如电线、电缆、变压器、开关、接插元件和连接器、电子印刷电路板、集成电路、火力发电厂的主冷凝器管板和冷凝管等。铜和许多铜合金，大量用于制造接触腐蚀性介质的方面。海水淡化过程中使用的管路系统、泵和阀门、水下用的螺栓、螺旋桨、铆钉等。此外，铜和铜合金还常用于散热器、制动系统管路、液压装置、齿轮、轴承、刹车摩擦片、垫圈以及各种接头、配件和饰件等。常见金属板材见图3-14。

图 3-14　常见金属板材

2. 其他金属及合金

金、银常用于制作装饰品如项链、戒指、手镯等。日常中我们用的保温瓶的瓶胆内壁表面用镀银膜来反射红外热辐射线。金属钨用来制灯泡内的灯丝。金属锡用来焊接金属。保险丝是由铅锑合金制成的。体温表中的液体是金属汞。钛金属广泛应用于化学、石油、航空、宇航、医学以及水艇制造中，被称为"空中金属"、"海洋金属"、"陆地金属"、"亲生物金属"。如医学上用钛板、钛螺丝钉制作人工关节、人工骨，很容易和人体肌肉长在一起。钛镍合金具有"记忆"能力，可记住某个特定温度下的形状，只要回到这个温度，就会恢复到这个温度下的形状，所以又被称为"记忆金属"。

二、常见金属型材

1. 金属板材与线材

金属板材是指用纯金属或金属合金材料通过压力加工制成横断面为矩形、厚度均匀的矩形材料。按照厚度、加工方法、表面镀层等可分为多种类型。

钢板常用在桥梁、锅炉、造船、装甲、屋面等方面。铝及铝合金板常用在建筑外观、天花板、门窗、标牌、汽车内外装饰、相框、冰箱、微波炉、音响设备、飞机、飞船、卫星等方面。铜及铜合金板常用在建筑业、造船业等方面。

金属线材是将金属材料加工成线状，线材大多用卷材机卷成盘卷供应，故又称为盘条或盘圆。线材规格一般以直径计算，根据材料组成及直径不同可分为若干种。生活中常见的有建筑用盘条和各种金属丝。常见金属丝见图3-15，常用丝号与直径对照见表3-1。

图 3-15　常见金属丝

表 3-1　常用丝号与直径对照表

常用丝号	6	8	10	12	14	16	18	20	22
直径 / mm	4.8	4.0	3.5	2.8	2.2	1.6	1.2	0.9	0.7

2. 金属管材与连接件

金属管材广泛用于社会生产和生活的各个领域，如用于流体输送、建筑装饰装修、装置及设备内部管路及道路隔离栏杆等方面。

金属连接件主要是起连接固定作用。常见的有螺栓螺母、螺丝钉、铆钉、合页、金属管件等。

第三单元　锯割技术

一、材料的固定方法

1. 台虎钳（或桌虎钳）固定

台虎钳需要先将底座固定在操作台上方可使用，一般这种台虎钳较大，是用螺栓经过底座固定插孔进行固定。台虎钳见图 3-16。

桌虎钳具有安装拆卸便捷、使用方便的特点，一般较小，夹持强度比台虎钳弱。桌虎钳是将底座的

图 3-16　台虎钳固定

固定手柄拧紧或旋松实现安装与拆卸的，顺时针旋转为紧，逆时针旋转为松。在安装或拆卸时，要一手扶住桌虎钳一手旋拧，防止桌虎钳滑落发生危险。

桌虎钳固定见图 3-17。

2. 材料固定

将加工材料夹持在台虎钳（或桌
虎钳）钳口进行固定，要根据材料及
加工的需要采取不同的方式。对于较
厚较硬的金属材料，夹持过程中不会
出现明显的夹痕，可采用直接夹持的
方法；对于材料较软或较薄，夹持易
变形或表面易出现明显夹痕，可采用
垫木板夹持的方法。取下被夹持物体

图 3-17　桌虎钳固定

时，一手握住被夹持物体，另一只手逆时针转动手柄，当钳口松动后，可将
被夹持物体取下。如不先用手握住被夹持物体就转动手柄，会导致被夹物体
掉落，易发生危险。材料固定方式如图 3-18 所示。

图 3-18　材料固定方式

二、钢锯条的安装与调节方法

1. 钢锯条的安装

根据锯割需要选择合适的锯条。安装锯条时要先确定锯齿朝向问题，

一般为锯齿朝前,因为我们锯割用力是朝前的。查看锯弓活动部位适用的卡槽是否卡在定位销处,如不合适要及时调整。调整翼形螺母,将锯条固定孔分别套在锯弓前后的销钉上。然后旋紧翼形螺母,旋紧时注意使锯条紧贴在销钉根部,同时要保证锯条和锯弓在同一平面上。钢锯条安装方法见图3-19。钢锯条在钢锯架上安装主要有3种方式。最常见的是图3-20中的第一种,图3-20中另外两种方式是锯割深槽时采取的安装方式。钢锯条锯齿朝向见图3-21。

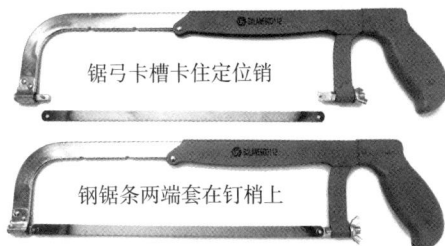

图 3-19　钢锯条安装方法

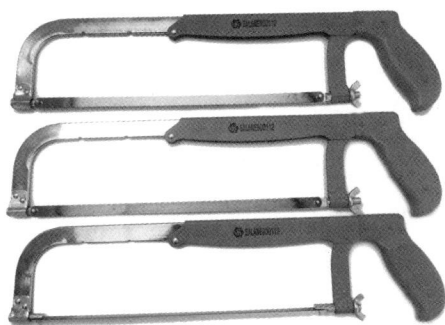

图 3-20　钢锯条安装方式

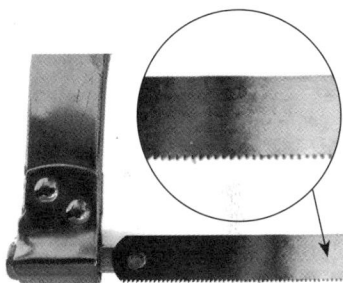

图 3-21　钢锯条锯齿朝向

2. 钢锯条的调节

用力拧紧后,如锯条还较松,可用助力工具继续拧紧。拧紧后如发现锯条和锯弓不在同一平面上,可稍微回拧翼形螺母将锯条调正。为了防止用钳子作为助力工具会破坏翼形螺母或螺纹,可选择硬木自制一个助力工具,如图3-22、图3-23所示。

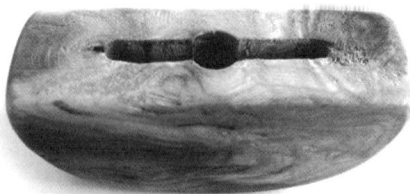

图 3-22　自制助力工具

图 3-23　用助力工具拧紧翼形螺母

三、锯割操作

1. 锯割技术

将被锯割材料固定好、锯条安装好后就可进行锯割操作了。为了便于锯割，应采用站立锯割姿势为好，站立时双腿要前后岔开。

像木工一样，用钢锯锯割也可分为起锯、行锯、收锯三个阶段。在实际操作时，三个阶段为连续过程。

（1）起锯

起锯速度应慢，用力要轻，行程要短。起锯的角度一般为 15°左右，可分为近起锯和远起锯两种方式。近起锯是从靠近操作者的一端起锯。用左手拇指指甲抵在锯割线的左侧，右手握锯将锯齿放在线上紧靠拇指的指甲，在锯割线上轻而慢的锯出痕迹。起锯时锯条滑动是因为用力大、动作快，防止锯条滑动的方法就是用力要轻，动作要慢。必要时起锯过程中可顺势倒拉几次。近起锯见图 3-24，远起锯见图 3-25。

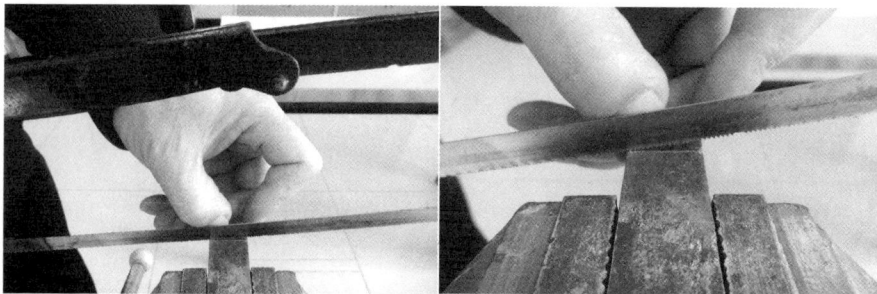

图 3-24　近起锯

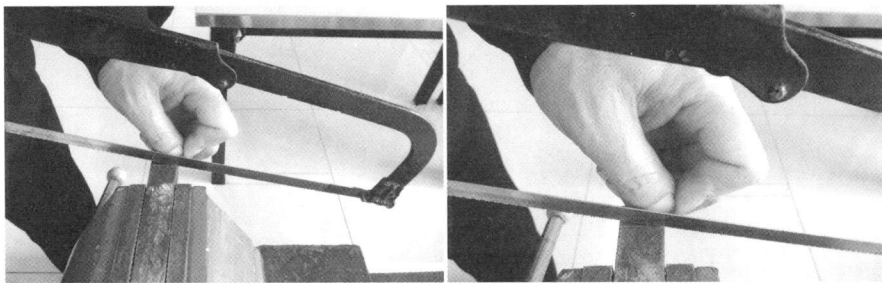

图 3-25　远起锯

（2）行锯

行锯时，钢锯应直线往复，不可摆动，用力要均匀，锯割时下压约15°，回锯时上抬约15°，要用锯条的全长工作，以防止锯条中间部分迅速磨钝。锯割时，速度不宜太快，以防止锯条发热，一般为每分钟约40次。锯割见图3-26，回锯见图3-27。

图 3-26　锯割

图 3-27　回锯

（3）收锯

锯割将完成时，锯割速度要减慢，用力要轻，应用手扶住被锯下部分，以防止用力过猛使锯条折断或使被锯物掉落在地上。收锯见图3-28。

（4）薄铁板锯割方法

对于小于4个锯齿长度的薄板，可把一块或几块薄金属板夹在木板之间，一起夹在台虎钳（或桌虎钳）上锯割。也可以用改变锯割角度的方法，增加实际工作的齿数来锯割薄板。薄铁板锯割见图3-29。

图 3-28　收锯

图 3-29　薄铁板锯割

（5）金属圆筒锯割方法

锯割金属圆筒时，可用左手握住圆筒，右手锯割。锯割时，圆筒可向推锯的方向不断转动，当转动方向相反时，锯齿易被勾住。金属圆筒锯割见图3-30。

图 3-30　金属圆筒锯割

锯割是否正确，可以通过锯割操作来判断，也可以通过听锯割声音进行判断。锯割时，锯条磨损过快与折断是不正常现象。开始练习锯割时，应慢一点，等较熟练后再加快锯割的速度。只有学会并熟练钢锯的正确使用方法，才能锯得又快又好。钢锯条蹦齿现象见图3-31，锯条损坏常见问题及原因见表3-2。

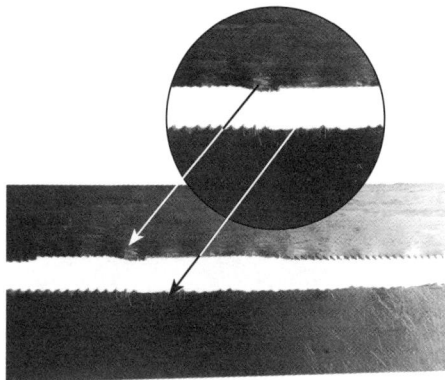

图 3-31　钢锯条蹦齿现象

表 3-2　锯条损坏常见问题及原因对照表

常见问题	原因
锯条折断	锯条装得过松或过紧；被锯物抖动或松动；锯割时扭曲角度太大；锯割时压力太大；新锯条在旧锯条锯出的缝中卡住后，而导致折断
锯条磨损过快	锯割速度太快；行程过短；未添加机油或润滑液
崩齿	金属材料过薄，用力太大；被锯材料硬度较大；锯割时被锯割物移动

2.锯割注意事项

1）锯割前，检查台虎钳（或桌虎钳）是否安装牢固，被锯割物体是否夹持牢固，钢锯有无问题，有无足够的操作空间。

2）正确进行锯割操作，不要突然用力过猛，以防工作中锯条折断伤人。

3）工件即将锯断时，压力要小，避免压力过大使工件突然断开，手向前冲造成事故；一般工件即将锯断时，要用左手扶住工件断开部分，避免掉下砸伤腿脚。

4）禁止用嘴吹或用手抹铁屑，防止铁屑入眼或刺伤手指。

第四单元　剪切与弯折技术

一、在金属板材上划线

1.划线前的准备

先准备好划线工具划针、直角尺，初步检查金属板能否满足加工要求。及时发现和处理不合格金属板。要使划线准确，我们必须做到准确测量，测量准确是准确划线的前提。要能正确地使用测量工具，读数时眼睛与刻度垂直，不能斜视。划线的具体做法：一手按住尺子与铁板不动，另一手划线，划

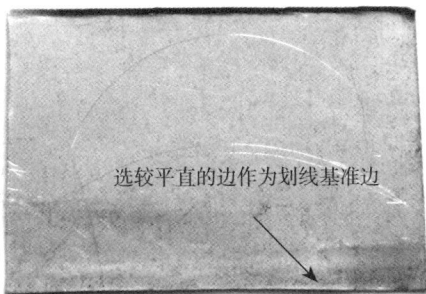

选较平直的边作为划线基准边

图 3-32　划线基准边

针不能摇摆歪斜。划好之后，应认真检查有无错误。划线基准边见图 3-32。

2.划线

确定金属板的划线基准。如选择金属板上的较平直边为划线依据，并以此为依据划其他加工的点、线、面。作为依据的边即为划线基准。

划直线。用划针划线时，右手握划针，左手按住尺子和被划线物体不动，划针紧贴尺边划线。划直线见图 3-33。

用直角尺一边靠住已划的直线，按住直角尺与铁板不动，另一手握划针沿角尺的另一边划线。划好线后，加工之前，应认真检查有无错误。划垂线见图3-34。

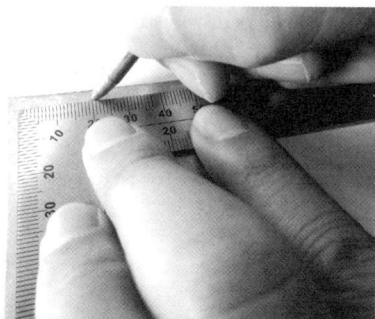

图 3-33　划直线　　　　　　　　　　图 3-34　划垂线

二、薄铁板的剪切

1. 剪铁剪刀的握法

教学用的剪铁剪刀比成年人用的铁剪刀小，主要用来剪切薄铁板，通常可以采用单手操作，所以握法比较灵活。握在手里能够达到可以向后握，剪口能顺利张开、咬合就可以了。剪铁剪刀握法见图3-35。

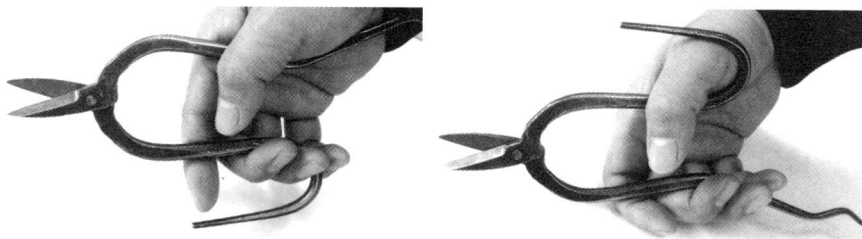

图 3-35　剪铁剪刀握法

掌握剪铁剪刀的握法，不但要使铁剪刀能够顺利张开、咬合，还要掌握正确的用力方法，这样才能够顺利地完成剪切操作。用力是否正确的判断方法:咬合用力时，剪口间有摩擦感。在用力握剪铁剪刀进行咬合操作时，可以仔细体会。当咬合用力时，如感觉到是连接铆钉轴在转动，说明手指用力不对，这样不能顺利进行剪切操作。我们也可以观察刃口咬合时的交叉点是否有缝隙，交叉点无缝隙才能顺利地进行剪切操作。

2. 剪切注意事项

用剪铁剪刀剪切时应注意：剪铁剪刀摆放在操作台上应使剪尖朝前，剪柄全部在操作台内，避免剪铁剪刀掉下扎到自己。使用完，将剪铁剪刀放回原处。剪切时要使剪口朝外，避免剪切操作滑脱时伤到自己。握薄铁板尽可能的接触平面，少接触断面，可手心悬空握铁板。当无法避免接触断面时，应先轻、后逐渐用力握紧。可以用剪刀的棱通过刮削的方式处理锋利的边。为了使薄铁板断面变得圆滑些，我们可以利用剪刀背的棱进行刮削处理，先刮两侧再刮中间，反复刮削可以感觉到越刮越光滑。通过反复刮削，可以刮倒毛刺使薄铁板边缘变得不再锋利。我们剪开的废料过长及剪下的废料散乱地洒落在桌子上容易扎手，也可以巧用剪刀掰弯过长废料或夹起剪掉的废料放在废料盒里。薄铁板握法见图 3-36，刮削方法见图 3-37。

图 3-36　薄铁板握法　　　　　　图 3-37　刮削方法

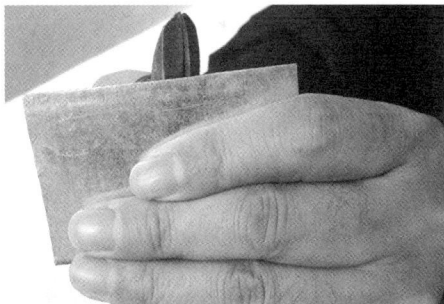

3. 剪切方法

对薄铁板进行剪切主要有直线剪切和曲线剪切两种。

直线剪切操作：开始剪时剪口张开，剪口与被剪切部位垂直，用剪口根部抵住剪切线用力剪开一个切口，沿剪切线剪切。操作技巧：要使剪切面光滑、无毛刺，应剪一点剪口张开，同时向前推；重复这一动作，使刃口始终在同一个切口内运行。

曲线剪切操作：剪切速度要慢，在剪切过程中随时注意两手配合调整刃口运行或薄铁板角度，保证剪切沿所划曲线进行。剪切操作见图3-38。

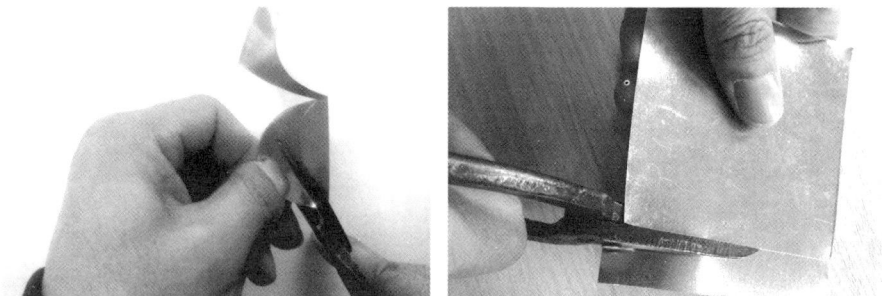

图 3-38　剪切操作

三、金属丝的弯折与矫直

金属丝是我们生活中常使用的材料之一。能够根据自己的设想随心所欲地弯折金属丝是我们应具备的技能之一。在教学中可以通过用金属丝弯折制作益智类玩具、自行车等作品进行金属丝的弯折与矫直的技能练习。

1.金属丝的弯折

我们可以采用钢丝钳、尖嘴钳来弯折金属丝。弯折是在夹持的基础上进行的。我们用钳子夹持住金属丝，再沿上下或左右方向施加力使金属丝弯曲变形达到制作目的。钢丝钳钳头宽厚，弯折的能力强。尖嘴钳由于钳头越往前越细，所以越往前夹持、弯折的能力越弱。但尖嘴钳由于钳嘴细长，适于在较狭窄的空间操作，能够弯折很小的圆。所以在实际操作时，要根据需要选择合适的钳子进行弯折。

如用16号铁丝制作一个直径约10 mm的圆时，应该选用尖嘴钳。弯

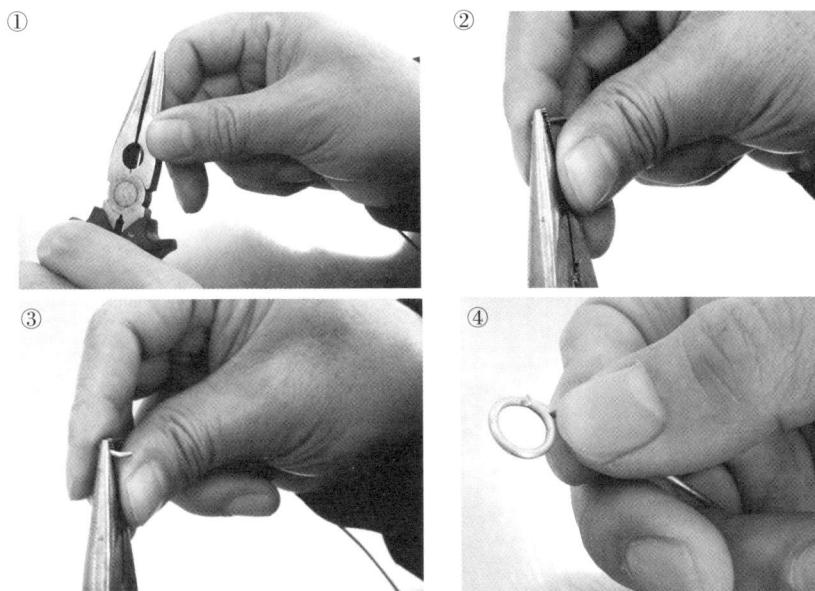

图 3-39　弯折直径 10 mm 的圆

折直径 10 mm 的圆见图 3-39。先用尖嘴钳夹住金属丝一端（大约夹 3 mm，在这种弯折操作过程中，特别注意不要使钳子滑脱，滑脱易夹到手），弯折的圆较小时，可以使用尖嘴钳前端，手握金属丝拇指在上，握持金属丝部位要靠近钳口，两手向相对方向用力，同时要注意观察弯折的程度，当达到自己需要的弯折程度时就要停止弯折，弯折的圆弧越小越需要用尖嘴钳的前端，每弯折一次即向钳口内送金属丝一次，保证每次两手向相对方向用力大小、角度一致和每次送入钳口的金属丝长度一致。弯折的圆弧越小，每次送入的金属丝长度越短（反之越长）。初步完成后，先用钢板尺测量其直径，如圆过小，说明每次弯折的角度过大，则需要通过夹持金属丝弧形部位往大调整；如圆过大，说明每次弯折角度过小，需重新弯折往小调整。调整完重新测量，直到符合要求，再将多余的金属丝剪断，调整。

又如用 14 号铁丝制作一个边长为 30 mm 的正方形时，应该选用钢丝钳。弯折边长 30 mm 的正方形见图 3-40。用直尺从金属丝一端量出 30 mm，

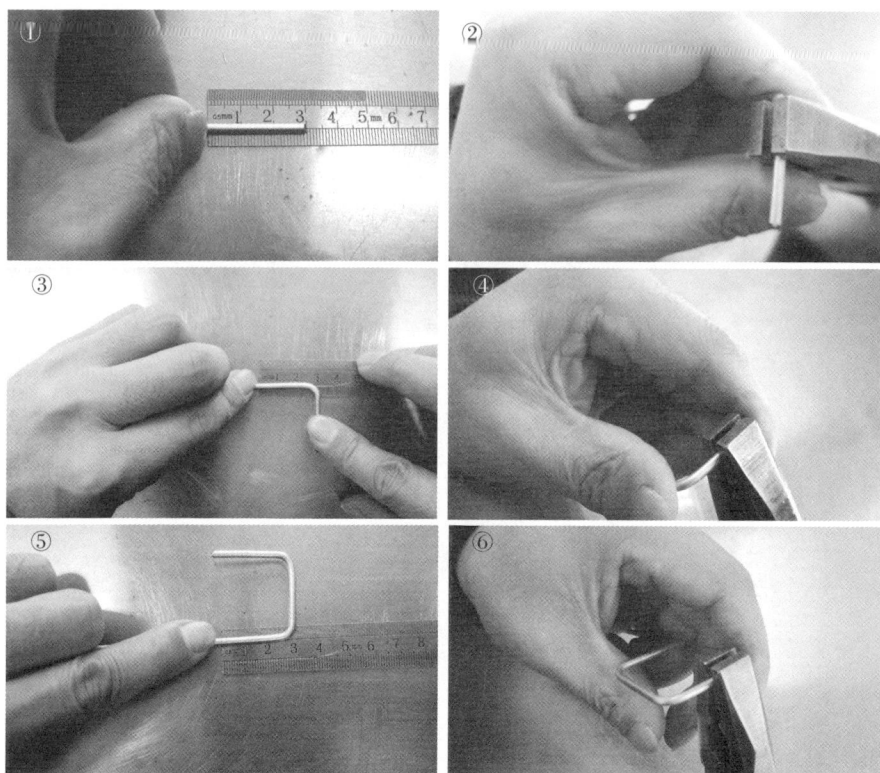

图 3-40　弯折边长 30 mm 的正方形

用钳子夹持 30 mm 处并向回移约金属丝的直径长度。在夹持住进行弯折时，食指一定要紧贴住钳口，拇指可顺势压在钳头上，两手向内同时用力，注意观察，当达到需要的弯折角度时停止弯折。然后依次测量、弯折，最后对做好的正方形进行修整，剪去多余的金属丝。

再如用 14 号铁丝制作一个边长为 50 mm 的等边三角形时，应该选用尖嘴钳。弯折边长 50 mm 的三角形见图 3-41。先用直尺从金属丝一端量出 50 mm，用钳子夹持 50 mm 处并向回移约金属丝的直径长度。在夹持住进行弯折时，食指一定要紧贴住钳口，拇指可顺势压在钳头上，两手向内同时用力，注意观察，当达到略大于需要的弯折角度（60°）时停止弯折。然后按住弯折点的根部稍作回调，这样可使弯折的角更规范。然后依次测量、弯折，最后对做好的三角形进行修整，剪去多余的金属丝。

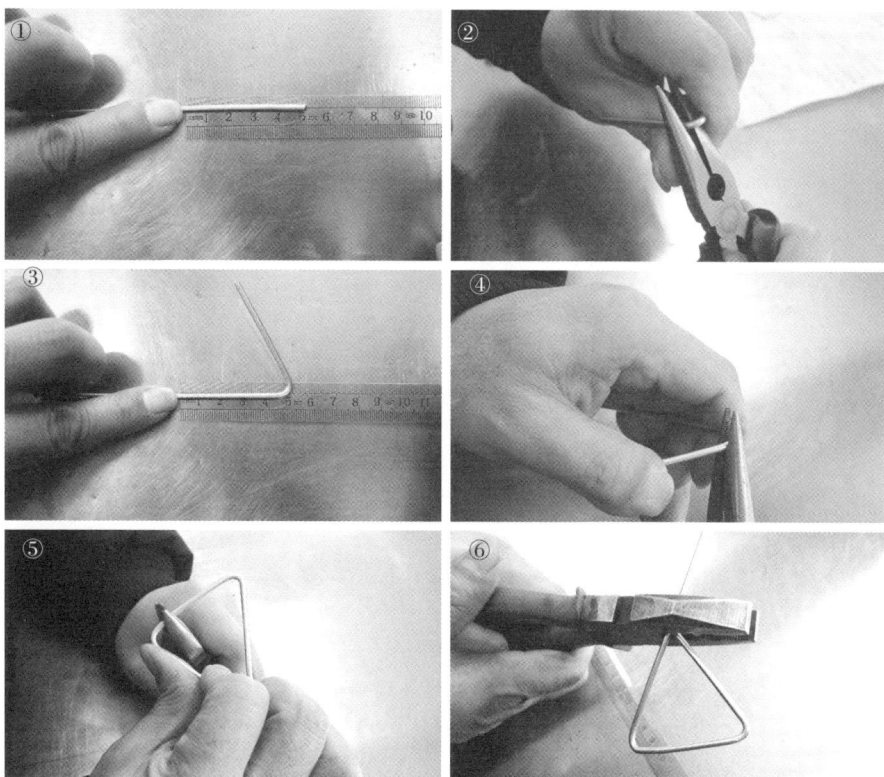

图 3-41　弯折边长为 50 mm 的三角形

2. 金属丝的矫直

金属丝矫正可以用钳子配合手进行,也可以用手锤在台虎钳(或桌虎钳)的砧座上进行。

利用台虎钳(或桌虎钳)钳口矫直铁丝。把钳口张开,一手将弯曲的金属丝放入钳口,另一手旋拧钳口锁紧手柄进行矫直。台虎钳钳口矫直金属丝见图 3-42。用手锤在砧座上矫直。将金属丝弯曲部位放在砧座上,用手锤对弯曲部位敲击矫直。敲击时掌握好锤击的力度和落锤点,同时根据矫直情况随时调整或旋转铁丝进行矫直。砧

图 3-42　台虎钳钳口矫直金属丝

座上矫直金属丝见图 3-43。用台
虎钳（或桌虎钳）钳口矫直铁丝
适于铁丝曲线矫直和弯折点大于
90°的初步矫直，没有敲击产生
的噪音。用手锤可对铁丝各种弯
曲进行矫直，但噪音大。

图 3-43　砧座上矫直金属丝

利用钢丝钳、尖嘴钳配合手矫直金属丝。金属丝呈圆弧曲线状可用手
直接调直。有一定弯折角度时，可借助钳子进行。用钳子夹持在需调直的
弯折点一侧，用另一只手握住铁丝（手要贴近弯折部位）用力向弯折的反
方向进行弯折调整。

第五单元　作品的设计与制作

实践活动 1：小铁簸箕的设计与制作

【工具材料】

桌虎钳（60 mm）、划针、直
角尺、铁剪刀、作为卷边自制辅
助工具方木块、露露饮料桶（或
酒类包装桶）。工具材料见图3-44。

【教学目标】

1）了解桌虎钳的使用方法，

图 3-44　工具材料

能够使用桌虎钳按要求对薄铁板进行 90° 弯折，学会设计画制铁簸箕制作图，掌握加工饮料桶、制作铁簸箕的基本程序，能完成铁簸箕的设计与制作。在学习过程中提高弯折、卷边的基本技能。

2）经历将饮料桶加工与设计制作出铁簸箕的过程，探讨加工与设计制作的合理方法与技巧，并在设计过程中开阔思路，提高创新意识。

3）通过实践操作、相互学习，感受将废弃饮料桶加工设计制作成小铁簸箕的乐趣，增强废物利用意识、创新意识。

【重点难点】

用饮料桶桶身的薄铁板设计制作小铁簸箕是本课的教学重点，教师可通过现场演示或播放已录制好的视频给学生提供模仿学习的条件。加工饮料桶得到薄铁板是学生操作的难点，桶底的咬合边是三层薄铁板、桶身沿焊接线剪切较长，都增大了剪切的难度。剪切时控制剪刀的力度、方向，手握、压饮料桶的方法、力度都需要在探究中逐步提高。

【技术环节】

1. 主要技术环节

加工饮料桶制作小铁簸箕的主要技术环节包括：饮料桶上盖、下底的剪切，桶身焊接线的剪切，桶身铁板的展平，将铁板剪切成符合要求的长方形，用角尺、划针划线作图，剪去多余的角，桌虎钳弯折，木块压边等。

饮料桶的咬合边最厚，剪切时要使剪口张开，手向后握剪刀柄用剪口根部向斜下方剪切，然后沿咬合边下两层部位剪切，再将上下两边小于桶身的圆周部分剪掉。剪切焊接线将桶身剪开，要在剪切快到焊接线中部时握桶身的手要下压剪刀刃口朝下走的一侧，帮助持剪刀的手向前送剪刀继续剪切。桶身展平时可用另一个饮料桶进行，将剪开桶身的饮料桶扣在桌边，用另一个饮料桶贴在桶身上，两手同时握住饮料桶和桌面上桶身剪开的焊接线部位的铁板，在桌面上下压翻卷一圈，这样展平操作快捷，利于划线。加工饮料桶得到薄铁板见图 3-45、图 3-46、图 3-47。

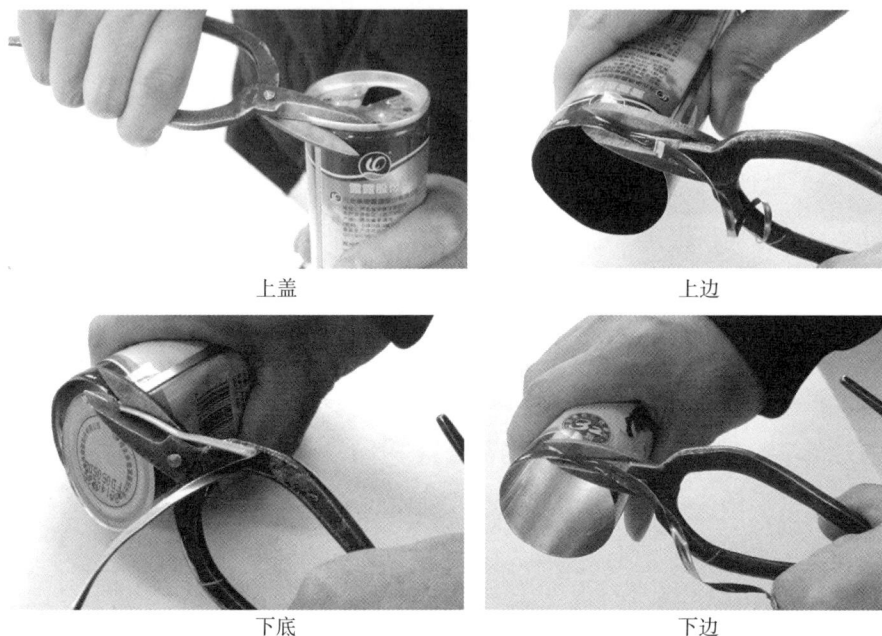

上盖

上边

下底

下边

图 3-45　剪切饮料桶

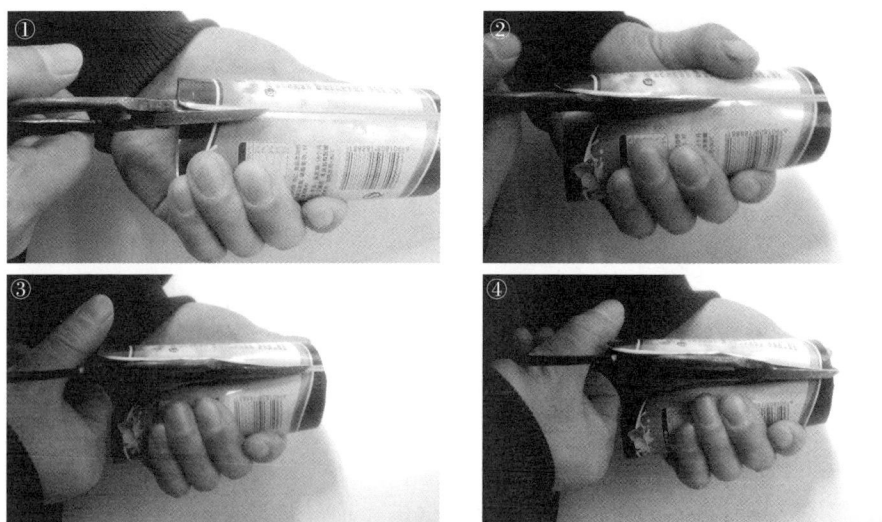

图 3-46　剪切桶身

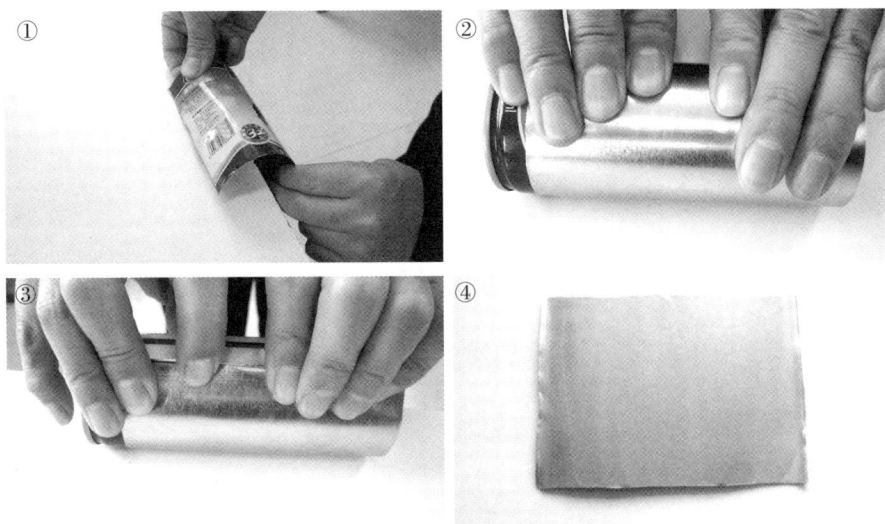

图 3-47 铁板反卷展平

在铁板上划线时，要注意测量准确，标记点准确，标记点连接划线准确。

工件加工剪切直线边时，应控制好剪切方向。剪口快完全闭合时，使剪口张开顺势前推继续剪切。剪去多余角时，快剪切到线的交叉处应放慢剪切速度，控制好剪切力量，以防剪切过量，最后可用手捏住将要剪下多余部分反复弯折将其取下。剪去多余的角见图 3-48。

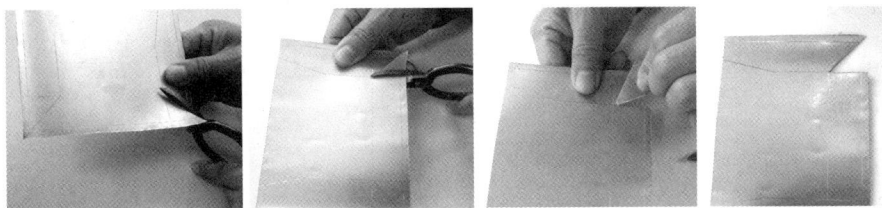

图 3-48 剪去多余的角

桌虎钳弯折铁板，弯折线比桌虎钳的钳口长，不要一次弯折成 90°，可每次弯折 30°，分三次完成；弯折铁簸箕侧底边线，要直线部分弯折 30°，斜线部分 30°，这样连续三次完成。用木块压边，也是分三次完成，只是分别从一端依次完成 30° 压折，最后再进行推压，把边压实。桌虎钳弯折、木块压边的分步操作见图 3-49、图 3-50。

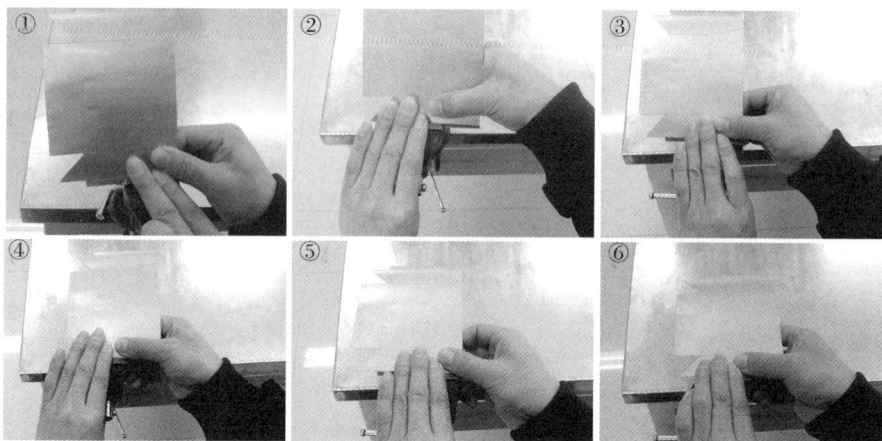

图 3-49　桌虎钳弯折铁板

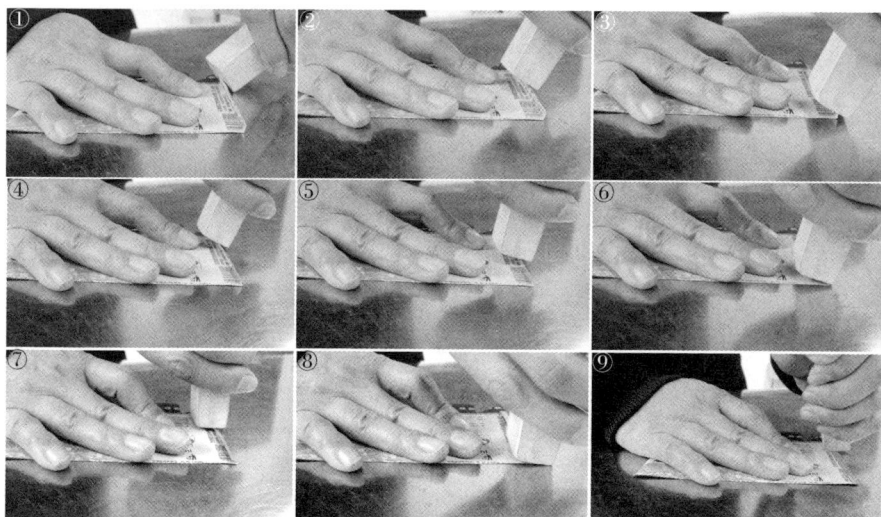

图 3-50　木块压边

2. 操作流程

剪切饮料桶 → 铁板初加工 → 划线制图 → 剪去多余部分 → 弯折制作 → 修整。

3. 操作步骤

（1）饮料桶的加工

剪上盖：使剪口张开，手向后握剪刀柄用剪口根部向斜下方剪切，然后沿咬合边下两层部位剪切一圈，将上盖剪掉。剪上边，将上边小于桶身的圆周部分剪掉。剪下底：使剪口张开，手向后握剪刀柄用剪口根部向斜下方剪切，然后沿咬合边下两层部位剪切一圈，将下底剪掉。剪下边：将下边小于桶身的圆周部分剪掉。剪桶身：剪切焊接线将桶身剪开，要在快剪切到焊接线中部时握桶身的手要下压刃口朝下走的一侧，帮助持剪刀的手向前送剪刀继续剪切。（提示：如饮料筒桶身与上盖、下底的连接部位没有小于桶身的圆周部分，则不需进行上边、下边的剪切操作。）

（2）铁板展平

用另一个饮料桶进行桶身展平：将剪开桶身的饮料桶扣在桌边，用另一个饮料桶沿桌面贴在扣在桌面上的铁板上，两手同时握住饮料桶和桌面上桶身剪开的焊接线部位的铁板，在桌面上下压翻卷一圈，完成展平。注意握铁板时，先轻（感觉不扎手），后用力握紧，防止铁板扎手或拉手。

（3）铁板初加工

在铁板上选取较平直的边作为基准边划线，用划针和直角尺完成长150 mm、宽110 mm 的长方形绘制，沿划线剪切，加工成长150 mm、宽110 mm 的长方形铁板。

（4）在铁板上划线绘制铁簸箕加工图

分别沿铁板的一个长边和两个宽边划三条5 mm 宽的卷边线，然后沿卷边线向内划三条25 mm 宽的底边线，其中宽的底边线距离铁簸箕开口40 mm 处开始划线，从铁簸箕开口方向宽的卷边线向内15 mm 处与宽的底边线（40 mm 处）连斜线。在角的部位用斜线标出需剪切的部位。小铁簸箕制作图见图3-51。

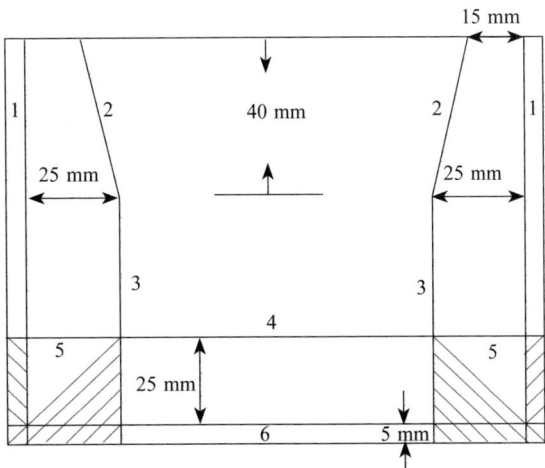

图3-51　小铁簸箕制作图（1~6为制作顺序）

（5）剪去多余部分

剪去多余部分时，当快剪
切到线的交叉处应放慢剪切速
度，控制好剪切力量，以防剪
切过量，最后可用手捏住将要
剪下多余部分反复弯折将其取
下。完成下料剪切的铁板见图
3-52。

图 3-52　完成下料剪切的铁板

（6）弯折制作

1）折两侧卷边线（外折 180°）。

先在桌虎钳上完成 90° 弯折。可分三次折，第一次折 30°，第二次折
成 60°，第三次折成 90°；再将铁板放在桌面上，内侧朝下，用木块将两边
压平（同样分三次压折），然后用木块反复推压把边压实。

2）折斜底边和宽底边线（内折 90°）。注意:图上 2 和 3 是连续性折法，
分三次折每次折 30°。

3）折长底边（内折 90°）。

分三次折每次折 30°。

4）折角（内折 90°）。

5）折长卷边线（外折 180°）在桌虎钳上弯折 90°（方法同 1）），然
后把铁簸箕扣在桌角，用木块压折剩下的 90°。

（7）修整

检查修整弯折角度，对尖角及剪切边可用砂纸或钢锉进行打磨修整。

弯折制作见图 3-53，打磨修整见图 3-54。

【安全提示】

使用剪铁剪刀要注意防止剪刀滑脱、掉落伤到自己。接触薄铁板要注
意防止扎伤、拉伤。加工产生的废弃金属材料要放到安全的指定位置，防

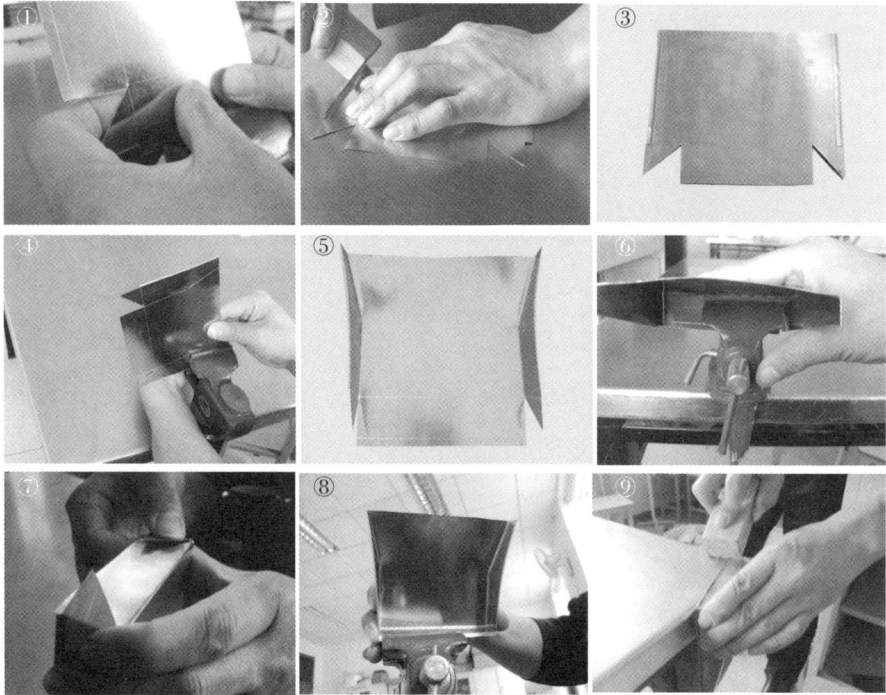

图 3-53　弯折制作

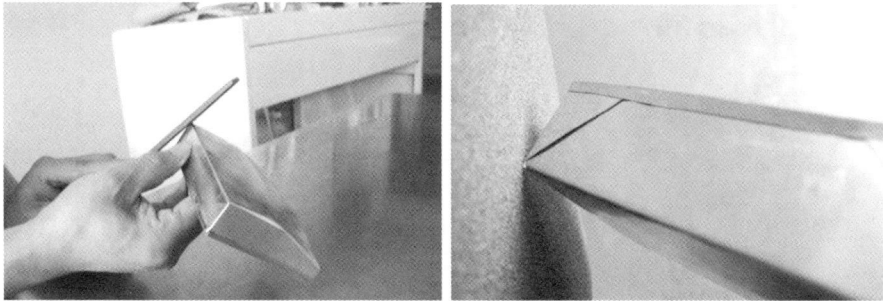

图 3-54　打磨修整

止扎伤。划针用完后应放在安全位置，防止滚落扎脚。桌虎钳要固定好再用，防止脱落造成砸伤。制作过程中要注意防止被铁板的边缘划伤或拉伤。为防止意外伤害，应备消毒用酒精棉和创可贴。

【问题诠释】

1.卷边朝外

卷边是为了加固、使边缘光滑。卷边朝外是为了保持铁簸箕内部光滑，使废弃物容易倒出。

2.底边划斜线

底边划斜线使制作出的铁簸箕开口增大，同时开口上翘。这样不仅有利于撮东西，还不易使撮进的废弃物滑出。

【教学流程】

引入 → 学习内容介绍 → 讲解示范 → 学生操作 → 作品展示与交流评价 → 课堂小结。

【教学过程设计】

1.引入环节设计

可用饮料桶和用加工饮料桶得到的铁板制作的小铁簸箕引入本课的学习。饮料桶是怎样变成小铁簸箕的呢？学生会很好奇，很想尝试一下。用实物来激发学生的学习兴趣。

2.学习内容介绍环节设计

第一，介绍本节课用到的工具、材料，请学生清点工具与材料；第二，向学生明确本节课的学习内容，可提出学习要求。此环节要简单，不能占用大量的时间。

3.剪切饮料桶环节设计

教师播放剪切饮料桶得到薄铁板过程录像或演示操作过程，讲解安全提示与操作注意事项。

学生进行剪切饮料桶得到薄铁板的操作，教师巡视，解决学生操作过程中出现的问题。

4. 划线制图环节设计

教师根据小铁簸箕划线图讲解如何在铁板上划线制图，如何剪去多余部分。讲明在操作中应注意哪些问题。

学生进行在铁板上划线制图的实践操作，教师巡视指导帮助学生完成制图与剪去多余部分的操作。

5. 小铁簸箕制作环节设计

教师播放小铁簸箕制作过程录像或演示制作过程。讲明制作时应注意的安全问题。学生在观看模仿学习的基础上，进行小铁簸箕的制作练习。并对自己制作的小铁簸箕进行修整。教师巡视指导，帮助学生掌握正确的操作方法，指导学生进行修整。（3，4，5 环节是本节课的重点，要给学生足够的时间进行实际操作。）

6. 作品展示与交流评价环节设计

教师在巡视指导的过程中要了解学生情况，可以选取制作成功、失败的学生作为代表进行介绍。重点总结成功的经验与失败的教训。教师可就学生在学习过程中遇到的共性问题或突出问题进行点评或讲解。教师也可在课前进行分组，组织学生分组学习。在评价时组织学生分组评价，由每组推选制作优秀的学生总结制作成功经验。此环节教师要根据自己的学生情况和课堂教学情况灵活处理，以有利于学生进一步学习为落脚点，有目的有计划有组织地进行。

7. 课堂小结环节设计

可对本节课知识点、技能点进行总结，让学生进一步明确自己在哪些方面还有不足，课后应进行哪些弥补。也可总结全班学习情况，分析指出学生在哪些方面应进一步提升自己。

组织学生整理桌面或操作台，准备下课。

附录：常见问题

1）剪切有毛刺的问题（图 3-55）。

2）划线不准确的问题（图 3-56）。

3）作品不规范的问题（图 3-57）。

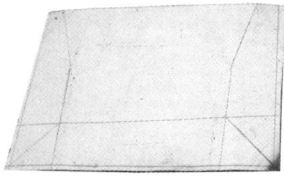

图 3-55　剪切毛刺　　　　图 3-56　划线不准确　　　　图 3-57　作品不规范

实践活动 2：金蝉脱壳的设计与制作

【工具材料】

尖嘴钳（160 mm）、偏口钳（160 mm）、直尺、作为辅助工具的各种粗细不同的圆木棒、14 号、16 号铁丝（也可用铜丝）。有条件时，还可准备电烙铁与焊锡丝。工具材料见图 3-58。

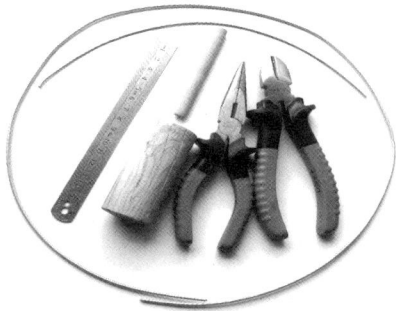

图 3-58　工具材料

【教学目标】

1）了解尖嘴钳、偏口钳的使用方法，能够运用偏口钳、尖嘴尖剪断金属丝，用尖嘴钳弯折金属丝达到自己的设想要求。在学习过程中提高弯折、剪切金属丝的基本技能。

2）经历金蝉脱壳的设计过程，并在设计过程中提高创新意识。在制作金蝉脱壳的过程中，探讨金属丝的弯折与整形的方法与技巧。

3）通过实践操作、相互学习，感受自己成功的乐趣和益智类玩具有的魅力，在玩与学的过程中，开发智力，提升自我。

【重点难点】

金蝉脱壳的结构组成及各部件关系，金属丝的剪切、弯折与整形操作是本节课的教学重点。教师可通过演示文稿展示金蝉脱壳的结构组成与各部件的关系。通过播放制作视频让学生明确制作过程。

设计制作出美观、富有个性的金蝉脱壳是本节课的教学难点。要想化难为易，教师要引导学生从金蝉脱壳各部件的结构关系入手，让学生明白不管改变什么，只要能满足金蝉脱壳各部件间的结构关系就行。为了引导学生进行创新设计，教师可给学生提供设计实例，如将蝉翼改成三角形或葫芦形等。

【技术环节】

1. 主要技术环节

制作金蝉脱壳的主要技术环节包括：金属丝长度的测量，金属丝的剪切，金属丝的弯折与矫正。

测量长度前应先将金属丝调直，避免金属丝局部弯曲导致测量不准确。剪切金

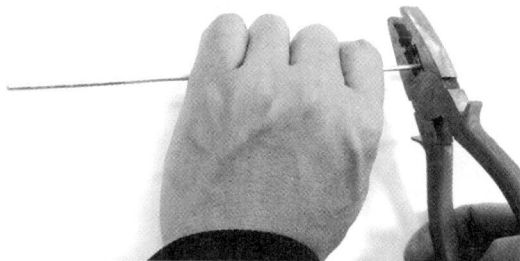

图 3-59　剪断金属丝

属丝时应使钳子的刃口一侧朝向剪切线，这样容易看清钳子的刃口是否压在剪切线上，准确剪切。剪断金属丝见图 3-59。

弯折蝉耳应该选用尖嘴钳。先用尖嘴钳夹住金属丝一端，手握金属丝时拇指在上，握持金属丝部位要靠近钳口，两手向相对方向用力，同时要注意观察弯折的程度，当达到自己需要的弯折程度时就要停止弯折。如弯折的圆较小时，要用尖嘴钳的前端，每弯折一次即向钳口内送金属丝一次，保证每次两手向相对方向用力大小、角度一致和每次送入钳口的金属丝长度一致。蝉翼上的蝉耳过大或过小时都需要进行调整，以安装上腰环蝉翼能灵活转动为宜。弯折蝉翼的弧形部分可用两手配合进行。弯折腰环及蝉壳时，可以用尖嘴钳，也可以用辅助工具圆木棒。用圆木棒辅助弯折圆的要点是将金属丝在圆木棒垂直缠绕，然后将圆木棒脱出，剪去多余的金属丝。用辅助工具圆木棒弯折蝉壳、腰环见图 3-60。

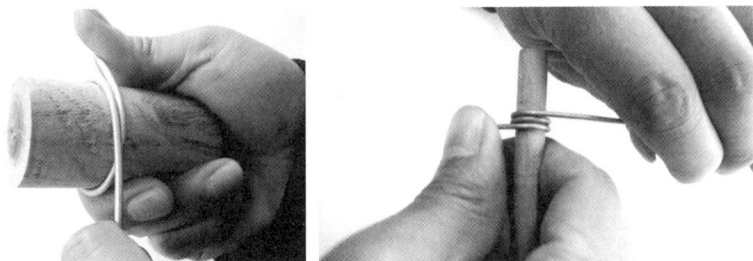

图 3-60　弯折蝉壳、腰环

2. 操作流程

制作蝉翼 → 制作腰环 → 制作蝉壳 → 组装修整 → 调试。

3. 操作步骤

（1）制作蝉翼

先从选取制作蝉翼的两段金属丝的两端分别弯折直径约 10 mm 的圆作为蝉耳。在弯折蝉耳时，应注意弯折的圆的形状一致且在同一侧的平面上。然后可用手同时弯折金属丝蝉翼的弧形部分，也可以用较粗的适宜弯折蝉翼弧形的圆木棒进行辅助弯折蝉翼弧形部分。完成弯折后，对两个蝉翼进行微调修整，使两个蝉翼弯折符合要求。

（2）制作腰环

腰环的作用是将两个蝉翼连接起来。腰环过小蝉翼转动不灵活，过大影响拆解。根据制作的蝉翼，将腰环设计成直径 10 mm 的圆。制作腰环，可以用尖嘴钳弯折出两个直径 10 mm 的圆作腰环，也可利用直径约 10 mm 的圆木棒，将金属丝垂直缠绕在木棒上，取出后再用偏口钳剪切得到腰环。

（3）制作蝉壳

用一个直径小于蝉翼最宽处的圆木棒辅助弯折作为蝉壳的金属圆环，将多余金属丝剪掉并将蝉壳调整圆。

（4）整体组装

用一个腰环将两个蝉翼一侧的蝉耳连接起来，将腰环调整好，用同样的方法将另一个腰环与两个蝉翼另外一侧的两个蝉耳连接起来。有条件时，可将金属丝末端的连接处（包括腰环、蝉壳、蝉耳）焊在一起。组装见图 3-61。

图 3-61 组装

（5）调试

根据金蝉脱壳拆解规则（在不破坏金属丝形状的条件下将蝉壳安装或拆解）进行安装或拆解，看各部分制作是否有问题。如果制作的某个部件不合理，应及时调整；如通过调整也不能满足要求，则需重新制作这个部件。

【安全提示】

使用钳子时，要注意防止钳子夹到手，不用时应放到桌子上。弯折金属丝要防止金属丝扎伤自己或别人。用电烙铁时要防止烫伤或触电。为防止意外伤害，应备消毒用酒精棉和创可贴。

【问题诠释】

1. 金蝉脱壳拆解

金蝉脱壳拆解属于拓扑学范畴。拓扑学就是以空间几何的形式来表现事物内部的结构、原理、工作状况等。

2. 结构关系

影响拆解的主要原因是结构关系不合理。制作时要满足两个蝉翼一致，蝉耳大小适中；蝉壳直径小于蝉翼最宽处；连接蝉翼的腰环大小适中。

【教学流程】

引入演示金蝉脱壳玩法 → 学习内容介绍 → 讲解示范 → 学生操作 → 作品展示与交流评价 → 课堂小结。

【教学过程设计】

1. 引入环节设计

教师可通过演示拆解自己制作的金蝉脱壳引入本课。抓住学生好奇、好玩、好动的特点，引导学生快速进入本课学习，激发学生的学习兴趣。

2. 学习内容介绍环节设计

第一，介绍本节课用到的工具、材料（钳子、金属丝等），请学生清点工具与材料；第二，向学生明确本节课的学习内容，可提出学习要求。此环节要简单，不能占用大量的时间。

3. 金蝉脱壳结构介绍环节设计

教师播放制作好的演示文稿，介绍金蝉脱壳组成，各部件名称，引导

学生理解各部件结构关系。根据结构关系引导学生了解制作顺序：蝉翼 →
腰环 → 蝉壳。（金蝉脱壳由三部分组成，即两个蝉翼、一个蝉壳、两个连
接蝉翼的金属圈。金蝉脱壳各部件间的内在关系，即蝉壳直径略小于蝉翼
最宽处，连接蝉翼的腰环大小比例适中，蝉翼完全一致。）

4. 金蝉脱壳制作环节设计

教师播放金蝉脱壳制作过程录像或演示制作过程。讲明制作时应注意
的安全问题。学生在观看模仿学习的基础上进行金蝉脱壳的制作练习，并
对自己制作的金蝉脱壳进行修整。教师巡视指导，帮助学生掌握正确的操
作方法，指导学生进行调整。（2，3，4环节是本节课的重点，要给学生足
够的时间进行实际操作。）

5. 作品展示与交流评价环节设计

教师在巡视指导的过程中要了解学生情况，可以选取制作成功、失败
的学生作为代表进行介绍。重点总结成功的经验与失败的教训。教师可就
学生在学习过程中遇到的共性问题或突出问题进行点评或讲解。教师也可
在课前进行分组，组织学生分组学习。在评价时组织学生分组评价，由每
组推选制作优秀的学生总结制作成功经验。此环节教师要根据自己的学生
情况和课堂教学情况灵活处理，以有利于学生进一步学习为落脚点，有目
的有计划有组织地进行。

6. 课堂小结环节设计

可对本节课知识点、技能点进行总结，让学生进一步明确自己在哪些
方面还有不足，课后应进行哪些弥补。也可总结全班学习情况，分析指出
学生在哪些方面应进一步提升自己。

组织学生整理桌面或操作台，准备下课。

附录：常见问题

1）蝉耳过大或不对称的问题（图 3-62）。

2）腰环或蝉壳不圆的问题（图 3-63）。

3）金属丝端头对接处缝隙较大的问题（图 3-64）。

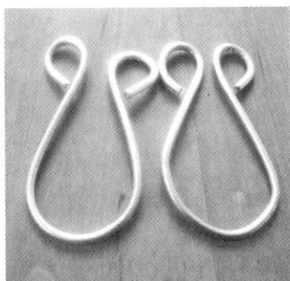

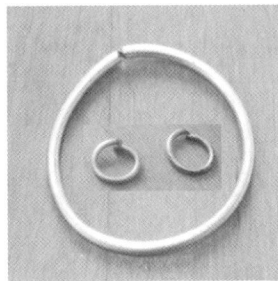

图 3-62　蝉耳过大且蝉翼不　　图 3-63　蝉壳、腰环不圆　　图 3-64　缝隙较大
　　　　　对称

金工制作技术学习内容达到的标准与检测方法

序号	学习内容	达到标准	检测方式
1	工具使用	熟悉本单元涉及的工具规格、使用方法、适用范围与使用注意事项	从实际操作中观察、分析、判断
2	测量操作	能正确选择使用测量工具、能准确测量金属材料长度及金属材料或金属制品的方正	观察测量操作、检测测量结果
3	划线操作	能正确使用划线工具、划线操作规范、划痕清晰、尺寸符合设计要求	观察实际操作、用尺子检测
4	夹持操作	能正确选择使用夹持工具、操作规范合理、操作过程中无安全隐患	观察实际操作
5	锯割操作	能根据锯割需要正确选择锯割方式、锯割声音顺畅有节奏感无异常声音、锯割断面平直、无锯条异常损坏现象、无跑锯现象、操作过程规范	听声音、观察锯割过程与锯割断面、用尺子检测
6	剪切操作	能根据剪切需要顺利进行剪切、剪切断面较光滑无毛刺、无偏离剪切线现象、操作过程规范	观察剪切操作、看剪切面
7	弯折操作	能根据弯折要求合理选择工具进行弯折、能够顺利按要求进行规范的弯折操作	观察弯折操作、看弯折效果

模块 4
植物栽培技术

植物栽培技术学习内容与基本操作技能

单　元	知识与技能	细　目
第一单元 栽植用工具与容器	一、常用工具	1. 常用工具
		2. 自制工具
	二、常用容器	1. 常用容器
		2. 自制容器
		3. 微型容器
第二单元 植物繁殖技术	一、种子繁殖	1. 选种、浸种
		2. 保湿催芽
		3. 播种技术
	二、水插繁殖	1. 枝条选择与修剪
		2. 水插及后期管理
	三、嫁接繁殖	1. 嫁接繁殖
		2. 嫁接技术
		3. 嫁接后管理
	四、分生繁殖	1. 分生繁殖
		2. 组织培养简介
	五、植物繁殖示例与引种技术	1. 植物繁殖示例
		2. 野生植物引种技术
		3. 教学用植物来源
第三单元 植物栽培技术	一、土壤配制与上盆	1. 土壤配制与选择
		2. 上盆技术
	二、换盆与倒盆	1. 换盆技术
		2. 倒盆技术
	三、浇水与光照	1. 浇水
		2. 光照
	四、植物修剪技术	1. 摘心与抹芽
		2. 修剪整形技术
	五、微型盆栽	1. 微型盆栽介绍
		2. 微型盆栽示例
		3. 微型盆栽植物品种介绍
第四单元 作品设计与制作	实践活动 1：仙人掌嫁接仙人指	
	实践活动 2：水插法繁殖植物	

第一单元 栽植用工具与容器

　　植物栽培技术从栽培形式分,有园田栽培、容器栽培与工厂化栽培等形式。工厂化栽培是最现代化的栽培方式,这种栽培方式彻底改变了面朝黄土背朝天的传统栽培方式,但其规模还无法替代传统的园田栽培方式。从栽培品种分,有农作物栽培、蔬菜栽培、经济作物栽培、树木栽培与花卉栽培等。园田栽培与工厂化栽培见图4-1。

图 4-1　园田栽培与工厂化栽培

　　课堂教学所涉及的植物栽培技术,属于容器栽培范围。栽培品种主要是一些植株矮小、繁殖容易、成活率高、便于管理、造价低廉的植物,以及其他有观赏价值的植物品种。

　　作为课堂教学的植物栽培技术,与用于生产的栽培技术相比,从规模与形式上有着显著差异,但栽培原理基本相同,它是学生继续深入学习相关知识的基础,也是提高学生实际操作能力的有效途径。

在植物栽培技术课堂教学过程中，用到的主要工具与容器品种很多，可根据课堂教学的实际需求，有目的、有计划地选择适宜的工具与容器，以满足课堂教学的需要，进而促进学生富有个性的发展。

一、常用工具

1. 常用工具

由于课堂教学受场地的限制，因此栽培时在工具选择方面，也受到了种种限制。在无专用场地只能在教室内上课时，只能选择小巧玲珑的工具。植物栽培用到的工具有剪枝剪、小铁铲、锋利的刀片、镊子等。

剪枝剪主要用于对植物的枝干进行修剪，特别是修剪木本植物的枝干时，用剪枝剪较省力。修剪草本植物的枝干时，可用小剪刀代替剪枝剪。小铁铲主要用来铲土，使用的容器较小时，也可用各种替代品代替。

锋利的刀片主要用于切削植物的嫩枝，刮脸刀片、手术刀片均可用于切削植物嫩枝。之所以选择锋利的刀片，是为了在切削植物嫩枝时，减少对切口处植物组织的损伤。但使用时要格外小心，防止拉手或伤到他人。

镊子主要用于夹持带刺的植物，防止直接用手拿时扎手。在夹取植物时，用力要轻，防止植物组织被夹伤。微型电钻在自制容器过程中，可用来给容器底部打孔。常见的工具见图4-2。

图 4-2　常见的工具

2. 自制工具

铲土用工具，可用生活中具有利用价值的废弃材料自制。将具有一定强度的塑料瓶一端斜向剪去后，可作为铲土用工具，植物上盆时用来铲土很方便。日常生活中的各种一次性塑料勺，不用加工就可当作铲土的工具。

二、常用容器

1. 常用容器

容器是植物栽培的必需品，没有容器无法实现植物的栽培。以土或其他固体材料为栽培基质时，容器的底部需要打孔。孔的作用既可防止容器内积水，还可增加透气性。以水或营养液为栽培基质时，可使用玻璃、陶瓷等不漏水的各种容器。

栽植植物用的容器主要是花盆，也可用其他容器替代，如各种深度适宜的泡沫箱、废弃木箱等，均可用来做栽培容器。

花盆按材质分有紫砂盆、瓷盆、釉陶盆、瓦盆、塑料盆等。材质不同的容器，价格差异很大。瓦盆价格便宜、透气性最好，但不够美观。塑料盆价格较低、质轻，但自身强度低、易老化。紫砂盆、瓷盆、釉陶盆外观美观，但价格高，透气性差，常做套盆使用。按口径大小分，花盆可分为不同的规格，使用时可根据苗木大小选择适宜的花盆。常见的花盆见图4-3。

图 4-3　常见的花盆

容器有若干造型，造型别致的容器，与植物搭配，会增加观赏性，达到个性化的艺术效果。

课堂教学中应选择规格较小的花盆做栽植容器，其优点是栽植操作时，所用场地小，用土量小，所需苗木小，栽植后放置占用空间也小。除外，小容器对应小的植株体，能大大缩小成型所用的时间。

2. 自制容器

课堂教学中使用的栽植容器，可利用日常生活中的废弃材料自制。需要底部有孔的容器时，可用塑料材质的容器在底部钻孔后，替代购买的容器。对玻璃、陶瓷等无法在底部打孔的容器，可用来做水培容器。自制容器与铲土工具见图 4-4。

图 4-4　自制容器与铲土工具

3. 微型容器

微型容器是指直径或口径小于 100 mm 的容器，其种类繁多，市场上可买到各种微型花盆。日常生活中可用具有利用价值的废弃物经加工后，作为栽培用的微型容器。各式各样的瓶盖，也可在底部打孔后，作为栽植容器使用。微型盆栽用容器见图 4-5。

图 4-5　微型盆栽用容器

第二单元　植物繁殖技术

植物的繁殖方法有多种，常见的繁殖方法有种子繁殖法、扦插繁殖法、嫁接繁殖法、分株繁殖法、压条繁殖法、分生繁殖法、孢子繁殖法与组织培养法等。藻类、菌类、苔藓、蕨类等植物，均为孢子繁殖，这些植物又称为孢子植物。蕨类植物的孢子囊见图4-6。

图 4-6　蕨类植物的孢子囊

种子繁殖，又称有性繁殖。其优点是繁殖数量大，根系完整，生长健壮。缺点是容易发生退化，不易保持原品种的优良特征。扦插、嫁接、分株、压条以及分生繁殖、孢子繁殖与组织培养等繁殖方法，又称为无性繁殖法。无性繁殖的特点是植株能保持原来的性状，不会发生退化现象。

不同的植物有不同的繁殖方法，有些植物有多种繁殖方法。不同的繁殖方法有不同的特点，可根据实际需要选择合适的繁殖方法。

小丽花作为观花花卉，既可用种子繁殖，也可用块根繁殖，但用块根繁殖的小丽花开花比用种子繁殖的要早，且无退化现象。栽培小丽花时，第一年可选择植株矮、花朵鲜艳的重瓣品种，将其块根置于室内保存，供来年早春繁殖用。

课堂教学过程中，由于受条件与繁殖数量的限制，其繁殖方法同样也受到限制，下面主要介绍课堂教学中能用到的繁殖方法。

一、种子繁殖

种子繁殖是最常用的繁殖方法之一，其特点是繁殖数量大、周期短，常用于大量繁殖各种植物。种子繁殖的不足是有的植物品种，用种子繁殖的后代易退化，无法保持原来的特性。对这类植物一般不采用种子法繁殖，而是用其他繁殖法替代。植物的种子见图 4-7。

紫花地丁的种子　　　　　　　　含羞草的种子

图 4-7　植物的种子

常用种子繁殖的植物，多数为一、二年生草本植物，主要有鸡冠花、串红、金鱼草、观赏椒、冬珊瑚、报春花、半支莲、翠菊、紫花地丁、含羞草等。

用种子繁殖少量幼苗，常在温室或育苗容器中进行，其操作流程是：选种 → 浸种 → 保湿催芽 → 撒种 → 覆土 → 幼苗期管理 → 分苗 → 上盆等。在整个操作流程中，每一个环节均有具体的要求，按要求操作才能达到预期效果。无论哪个环节出了问题，都可导致播种繁殖失败。大面积播种时，一般采取直播法，但选种是必须有的环节。有时为了增强植物抵抗病虫害的能力，需对种子进行药物处理后再播种。

1.选种、浸种

选种是去除种子中干瘪的、种皮受损伤与发霉变质的种子，选种后的种子发芽率高、出苗整齐、新生苗生长苗壮。

浸种是用一定温度的水对种子进行处理，种子吸水后，种皮膨胀软化，溶解在水中的氧气随着水分进入细胞，种子中的酶也开始活化。浸种的目的是使种子体内含的水分达到发芽的需要，还可促使种子快速解除休眠期。浸种的加水量为种子容积的 3 ~ 5 倍，水太少了会出现种子还未浸透水就被种子吸收了，达不到浸种的目的。

浸种时间需要根据种子大小、种皮厚薄及结构密实度来决定。较大的、种皮较厚、结构密实的种子，浸种时间可长点，反之则要短点。浸种时间太短了，种子未全部浸透，达不到浸种的目的。浸种时间过长，会减少种子体内的水溶性物质，使种子的品质降低。

不同的种子浸种时，所需水温不同。水温与种子的种皮厚薄及种子结构密实程度有直接关系。像种皮较厚、结构密实的含羞草，可直接往盛有种子的容器中加开水，迅速搅拌至手指可伸入水中时，停止搅拌，再浸泡 12 小时左右既可。而那些种皮较薄的种子，水温需要低点，水温太高了，种子就会被烫死，失去发芽能力。

种子浸种温度与浸种时间，需要通过试验来确定。水温太高了，浸种时间太长了，都会降低种子的品质，严重时可使种子失去发芽能力。水温太低了、浸种时间太短了，达不到浸种的目的。检验种子是否浸透的方法是切开种子，看种子内部有无未浸透的硬核。

浸种操作是先将种子置于容器中，再加一定温度的热水，迅速搅拌，使种子均匀受热。等温度降低后，再浸泡至设定的时间。特别是水温较高时，如不搅拌，种子不能均匀受热，可导致种子发芽不整齐，严重时部分种子会因所在区域水温较高，而失去发芽能力。

2. 保湿催芽

浸种达到预定的时间要及时控水，控水后要在容器上面盖上湿纱布进行催芽。催芽时要确保纱布不变干，否则会影响种子发芽，甚至出现芽干现象。为了提高保湿效果，可在保湿催芽的容器上，再扣上一个容器。催芽过程中可每天用清水洗一次种子，洗完后要将水控干，再盖上湿纱布保湿。浸种与保湿催芽见图 4-8。

图 4-8　浸种与保湿催芽

3.播种技术

当种子开始萌芽时，即可播种。要测种子的发芽率，可再观察一段时间。播种的方法是将育苗容器中的土墩实（或轻敲容器壁震实）、整平，再将种子均匀地播在土上，种子密度不均匀时，可用竹签拨动的方式使其变均匀。最后，可在播好的种子上均匀地撒一层土，再轻轻压实或用喷水法压实，喷水时不可将种子冲出。种子太小时，因覆土太薄，可用浸水法浇透水，以防将种子冲出。

播种时，覆土厚度为种子直径的 3 ~ 5 倍为宜。土太厚了，小苗生长不旺；土太薄了，种子出苗时，无法脱去种皮。催芽后的种子要适时播种，芽太长了，播种时易损伤嫩芽。香菜的播种繁殖过程见图 4-9。

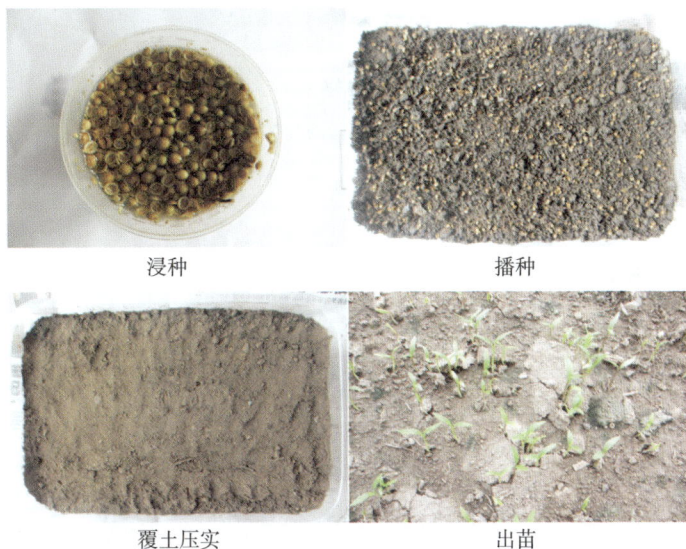

浸种　　　　　　　　　播种

覆土压实　　　　　　　　出苗

图 4-9　香菜的播种繁殖过程

二、水插繁殖

水插繁殖是将容易生根植物的枝条、嫩茎、叶片等部分浸泡到水里，待生根后再移植到土里边的一种繁殖方法。水插繁殖法具有操作简单、成活率高、可直接观察生根情况、日常管理容易、不受场地限制等优点。课堂教学中使用的植物，多数可用水插法繁殖。

常用水插法繁殖的植物有天竺葵、长寿花、四季海棠、菊花、露草、燕子掌、紫鸭趾草、凤仙、风车草、彩叶草、月季、夹竹桃、栀子、茉莉、六月雪、石榴等。这些植物扦插时，只要温度适宜，均易生根。

不同植物水插方式不同，按植物体在水中的深度可分为深水扦插、浅水浅插、浮水扦插三种方式。不同植物水插时，对枝条长度要求不同。木本植物枝条需要长一些，可用深水扦插法扦插。草本植物扦插时，所用的枝条较短，可用浅水扦插法扦插。如植物的扦插枝条可以浮在水面上时，可用浮水扦插法扦插。

月季、夹竹桃等木本植物，扦插枝条一般在 8 ~ 10 cm，且生根所需时间较长，常用深水扦插法繁殖。扦插过程中枝条的 2/3 部分需置于水中，这样才有利于生根。四季海棠、凤仙、天竺葵等草本植物，扦插时枝条的长度约为 3 ~ 5 cm，水太深了枝条会浸在水里，不利于生根，因此常用浅水插法扦插。风车草修剪后可靠自身浮力漂浮在水面上，这种方式是浮水扦插。

1. 枝条选择与修剪

水插法繁殖植物时，对扦插部分有一定的要求，需根据植物自身的特性选择枝条。不同枝条修剪方法不同，共同点是要剪去一部分叶片，以减少水分蒸腾作用。留下的叶片可进行光合作用，为生根提供必要的养分。

修剪木本植物，可用剪枝剪完成修剪工作。修剪时先从节下将枝条下端剪除，从节下剪是因为节间处易生根。再剪除枝条下部扦插后能浸在水中的叶片，以防止长时间浸泡，导致叶片腐烂使水变质。枝条上有花与花蕾时，要全部剪除，以减少枝条自身贮存营养消耗，而影响生根。

修剪草本植物枝条时，可用锋利的刀片与普通剪刀进行。修剪嫩枝时，需用锋利的刀片切削嫩枝。用锋利的刀片切削嫩枝。能减少对修剪部位植物组织的损伤，有利于伤口愈合与生根。嫩枝上的叶片，可用剪刀修剪，也可用手摘除，因叶柄会在短时间内自行脱落。修剪好的扦插枝条见图4-10。

图 4-10　修剪好的扦插枝条

不同的植物品种，水插时需要枝条的长度不同，可根据枝条的长度选择水的深度或容器深度。控制水深的方法既可选择深度合适的容器，也可用泡沫板使较短枝条浮在水面上。浮水扦插是靠枝条自身的浮力漂浮在水面上，容器深浅对扦插影响不大。水插繁殖示例见图4-11。

枝条长度不同　　　　　　　　　　　　　容器大小不同

图 4-11　水插繁殖示例

2. 水插及后期管理

将修剪好的枝条放入盛水的容器中，水插就完成了。容器中水的数量，需要根据容器的口径、深度与枝条的数量来确定。水插完成后，要将容器放在阳光充足的地方养护，并注意观察其生根情况。养护过程中，应及时补充水，防止因水少而影响生根。当水出现浑浊现象时，应及时换水，防止水变质导致扦插枝条腐烂而影响生根。

决定生根速度的因素是植物自身，影响扦插成活率的外部因素有温度、湿度与光照。不同植物生根的适宜温度不同，多数植物在15℃～25℃较易生根。菊花在较低的温度时，也易生根。

三、嫁接繁殖

1. 嫁接繁殖

嫁接繁殖是利用植物间的亲和力，将一种植物的某一部分，嫁接到另一种植物的茎或根上面，并使其自然生长的繁殖方法。供嫁接用的枝或芽叫接穗，而接受接穗的部分叫砧木。嫁接是一种常用的植物繁殖方法，用嫁接法繁殖植物，能保持接穗的优良特性，无退化现象。菊花、仙人指、蟹爪兰、假昙花、月季等均可用嫁接的方式进行繁殖。仙人掌嫁接仙人指见图 4-12。

图 4-12　仙人掌嫁接仙人指

嫁接按季节，可分为春季嫁接、夏季嫁接、秋季嫁接。室内养殖的植物，有的可随时嫁接。按接穗种类，可分为枝接、芽接。按嫁接方式，又可分为切接、插接、劈接、靠接等。

用嫁接方式可使同一棵观果植物上结出多种不同的果实，使同一株植物上开出不同的花。这种方式不但能增加植物的观赏性，还可提高植物的经济价值。如用嫁接的方式可使一株菊花同时开出多种不同颜色与形状的花朵，令人赏心悦目。

2. 嫁接技术

不同的嫁接方式操作程序不同，以仙人掌或三棱箭嫁接蟹爪兰为例，嫁接操作程序为：选择砧木 → 砧木处理（截去砧木上端、在砧木中间切接穗插口）→ 选择接穗 → 削接穗 → 将接穗插到砧木切口中 → 固定接穗 → 嫁接后管理。

嫁接过程中每一步操作，均对成活率有直接影响。初学嫁接时，要在教师或技术人员的指导下完成每一步操作。不同的嫁接方式，操作要点与技术环节有区别，应通过实践，自己探究或在技术人员的指导下学会。

3. 嫁接后管理

嫁接后为了防止接穗大量失水而干枯或打蔫，可用套袋法保持湿度，方法是将透明塑料袋内壁弄湿（作用是增加塑料袋内湿度），罩在接穗上方，下面捆绑在砧木上。为了使套袋鼓起来，捆绑前可向塑料袋内吹气，以防止塑料袋与接穗紧贴在一起。

当接穗长出新芽后，证明嫁接已成功，此时可将接穗上面罩的塑料袋去掉。嫁接后如发现砧木长出了芽，要及时将其除去，否则会影响接穗成活与成活后生长。

四、分生繁殖

1. 分生繁殖

分生繁殖是利用植物体上长出来的小植株进行繁殖的方法。其优点是能保持母体优良性状；其缺点是可供繁殖的资源有限，不能大量繁殖，有时对母体影响较大。吊兰、草莓、虎耳草的匍匐茎上常长出小植株，可用来繁殖。教学过程中的少量苗木，可以用分生繁殖法繁殖。

落地生根叶子边缘常长有大量的不定芽，当芽长到一定程度时即可生根，没根的芽落地后，在适宜的环境下也极易生根，并成为独立的新植株。有的植物的叶、根、茎或其他组织受伤后，也可形成不定芽。如条纹十二卷的花絮折断后，就可从折断处长出小植株。分生繁殖示例见图 4-13。

图 4-13　分生繁殖示例

有些植物在生长过程中会自然滋生出蘖芽，将其分开后另行栽植，即可生成新的植株。如银杏、萱草，均可用蘖芽繁殖。松霞、条纹十二卷基部长出的小球或萌芽，其基部已经生根，也可将其与母体分开另行栽植。这种繁殖方法又叫分株繁殖法，文竹、吊兰等花卉均可用分株法繁殖。

对可滋生大量球状的仙人掌科的植物来说，从基部切下带根的小球另行栽植，可称为分株繁殖。如将植物体上的小球掰下来，扦插在基质中，待生根后再定植，应叫扦插法繁殖。这是分株繁殖与扦插繁殖的本质区别，教学过程中不可将二者混淆。

2. 组织培养简介

组织培养，又叫植物无菌培养技术。它是利用植物体离体的器官、组织或细胞等，在无菌和适宜的人工培养基、光照、温度等条件下进行人工培养，使其增殖、生长、发育，而形成完整植物的过程。

组织培养是现代化培养技术，具有用材少、速度快、不受自然条件影响等特点，可用来大量繁殖优良品种，且可获得无病毒苗。组织培养需在专门的实验室中进行，技术要求高，属于专业技术的范畴，有条件的学校可组织学生进行相关实验，并以此提高学生的技术素养。

五、植物繁殖示例与引种技术

1. 植物繁殖示例

（1）长寿花的繁殖

长寿花又叫圣诞伽蓝菜，为景天科，伽蓝菜属，多年生肉质草本。具有植株矮小、叶片密集翠绿、花色丰富、花期长的特点。花的颜色有粉红、大红、黄色及白色。属于短日照花卉，自然花期为第一年9月至第二年6月，可通过控制光照、温度的方法使其提前开花。盆栽长寿花见图4-14。

图4-14　盆栽长寿花

长寿花喜温暖、湿润、阳光充足的环境。不耐寒、耐干旱，喜凉爽气候。最适宜生长温度为20℃～28℃。若温度达到10℃以下或30℃以上，植物体就会终止正常生长，冬季室温低于8℃后叶片变红色，花期向后推迟。夏季天气炎热时，需要稍遮阴，可保持叶片翠绿。常用插枝、插叶法繁殖，扦插繁殖适宜温度为15℃～20℃，一年四季均可进行，易生根。长寿花的繁殖过程见图4-15。

插穗修剪

水插

生根

上盆

图 4-15　长寿花的繁殖过程

（2）子孙球的繁殖

子孙球为仙人掌科，子孙球属，多年生肉质植物。因球体基部极易分生子球，故得名。子孙球的植株矮小、呈扁球状，生有白而细的短刺。花多，从球茎的中下部开出，漏斗状，鲜红色。花期 3～5 个月。喜通风、阳光充足的环境，不耐强光直射、耐干旱、不耐寒冷，冬季温度维持在 5℃以上即可越冬。

栽培时可用沙土或含有少量石灰的土壤，适当少浇水以保持盆土干燥，高温季节注意通风和适当遮阴。

子孙球可用播种、分株、扦插、嫁接法等方法繁殖。用播种法繁殖，可得到大量的幼苗。用分株繁殖子孙球是将基部长出的小球瓣下来，晾一段时间等伤口稍干后（目的是防止伤口腐烂），再扦插到土或沙中养护。扦插成活后，可分盆养护。子孙球的繁殖过程见图 4-16。

掰下子球

扦插　　　　　　　　　　　　　　分盆

图 4-16　子孙球的扦插繁殖过程

2. 野生植物引种技术

（1）野生花卉资源与引种

北京地区野生花卉资源非常丰富，各种野生花卉分布在平原、河道及高山上，有的花卉甚至生长在岩石的缝隙中。春、夏、秋三个季节，均可看到各种自然生长的花卉。在灵山、百花山等海拔较高的山上，花卉的种类更丰富多彩，其中观赏价值较高的草本花卉有兰花、金莲花、华北蓝盆花、野生罂粟、狼毒、胭脂花、有斑百合、黄琴、北京报春、黄花、蕨类植物等，木本花卉有丁香、迎红杜鹃、照山白、六道木、大花溲疏、金露梅、银露梅、蔷薇、绣线菊等，这些花卉既是人们郊游的观赏品种，也是有待于开发利用的野生花卉资源。这些资源可为美化居室、庭院、街道与城市绿化服务。

灵山上生长的胭脂花见图 4-17。

引种野生花卉要从多方面去考虑。第一，要了解野生花卉的生活习性，特别是生长在海拔较高区域的花卉，盲目引种很难成功，如生长在高海拔地区的胭脂花，移植到低海拔地区

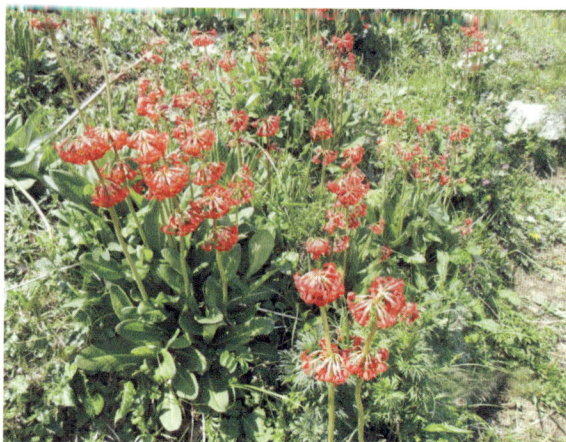

图 4-17　灵山上生长的胭脂花

后因其惧怕酷暑，所以难以过夏；第二，要考虑引种的价值，对那些没有引种价值的花卉不宜引种；第三，要考虑野生花卉资源与自然环境保护问题，防止引种过程中使野生花卉资源与自然环境遭到破坏。为了保护野生花卉资源与自然环境不遭到人为的破坏，引种可采用种子繁殖、扦插繁殖的方式进行。在引种的过程中应做好论证与少量引种试验工作，不盲目引种。

（2）引种示例

黄花酢浆草为多年生草本，具茎匍匐，叶互生、掌状复叶呈倒心形，小叶无柄。花黄色，喜向阳、温暖、湿润的环境，抗旱能力强，耐寒。黄花酢浆草见图 4-18。

图 4-18　黄花酢浆草

在盆栽中，黄花酢浆草常以杂草的形式出现，能用种子自然繁衍，生长季节匍匐茎也可繁殖。作为杂草很难清除，但作为课堂教学的栽培植物，因其植株矮小、繁殖能力强、易管理，故具有独特的价值。一般园田土均可生长，但以腐殖质丰富的砂质壤土生长最旺盛。

紫花地丁又叫光瓣堇菜，为堇菜科，堇菜属，多年生草本。生长在北京地区堇菜科花卉有许多品种，各品种间的生活习性与植物学特征有一定的差异。紫花地丁是低海拔地区最常见的一种，开花早，花为紫堇色或紫色，生于路旁、山坡草地和荒地等处。

紫花地丁植株矮小，适合栽植在较小的容器中供观赏，也可在露地成片栽植。作为野生花卉，人们并不了解如何进行人工栽培，因此需要探究种子采收与储存方法、播种时间、幼苗移植方法、人工栽培苗越冬方法及能否控制花期等问题。除外，最简单的引种方式是早春从野外挖掘未出芽或刚出芽的小苗，栽植到花盆中养护。

苦菜俗称窄叶苦荬菜、苦菜花，为菊科，苦荬菜属，多年生草本植物。苦菜植株矮小、花期长，花的颜色有白色、黄色，还有一种花为紫色或淡紫色的变种，每种颜色的苦菜花，常单独成片生长。苦菜可引种作为地被材料，并与乔木、灌木等花卉配合栽植，与栽植草坪相比其优点是需浇水数量少、发芽早、开花期观赏价值高、覆盖地面能力强。

苦菜具有耐旱、耐寒、繁殖容易的特点。可用种子大量繁殖或用根繁殖，移植易成活。课堂教学过程中可指导学生探究苦菜的引种方法，可在早春挖掘刚萌芽苦菜，栽植到土里养护。也可挖掘苦菜的根，剪成小段后栽植到土里，发芽后即可正常生长。

引种野生花卉可在深秋或初冬即将来临时进行，此时地还未上冻，植物已停止生长，从残存叶子、花朵还能识别出植物的品种。引种的方法是挖掘引种的植物，再将其分类假植到背风向阳处，浇透水养护。冬末或早春植物未萌发前，即可上盆栽植。早春挖掘时，需在植物刚萌芽时进行，太早了无法辨认植物的品种。萌芽后再移植，有的植物成活率会降低。冬季野外挖掘的黄花酢浆草见图 4-19。

修剪前   修剪后

图 4-19   冬季野外挖掘的黄花酢浆草

3. 教学用植物来源

课堂教学学生用植物来源有多种途径，最常见的途径有学生自带、自己繁殖、市场购买、野生植物引种等。

（1）学生自带

开始上花卉课时，可组织家里有花卉的学生自带一些花卉，教师选择有价值的、繁殖容易、适合教学使用的品种，供教学时使用。学生与学校间的互助，不但能解决课堂教学的花卉来源问题，还可丰富家庭养花的品种。

（2）自己繁殖

有条件的学校可自己繁殖一些花卉，供课堂教学时学生使用。可统一购买一些容易繁殖的花卉，并逐渐增加繁殖数量与植物品种，以逐步满足课堂教学的需要。教师也可以校园内各办公室养殖的花卉为基础进行繁殖，这样不但可满足学生学习的需要，还可满足教师养殖花卉的需要。

（3）市场购买

为了增加适合课堂教学需要的花卉品种，可有目的、有计划地购置一些花卉，并以此为基础进行繁殖，逐步增加学校的植物品种，以满足课堂教学的实际需求。

（4）野生植物引种

校园内、学校周边的野生花卉，可作为课堂教学的植物品种来源，供课堂教学时使用。引种前可先组织学生对校园内及周边的各种花卉资源，以研究性学习的方式，探究哪些花卉可用于课堂教学，进而通过试验深入探索引种的方法。学生的试验报告可汇总后作为课程资源使用，也可组织学生给报纸、杂志投稿。

第三单元　植物栽培技术

植物栽培技术涉及面很广，土壤配制、上盆倒盆、浇水施肥、控制光照与花期、修剪整形等都涉及技术问题。虽然无论是教师自身，还是课堂教学不需要而且也达不到专业水准，但是了解一些常识还是非常必要的，只有这样才能提高课堂教学的针对性。有些内容可不涉及或仅作简单介绍，如施肥有种植前施基肥、生长过程中追肥与叶面喷肥，在课堂教学过程中可不涉及这些内容。根据学校与自己的条件，选择教学内容显得尤为重要。充分利用校园中的各种植物与学校周边的课程资源，为教学与学生学习植物栽培技术服务，才能形成自己的特色。

一、土壤配制与上盆

1.土壤配置与选择

土壤是植物进行生命活动的场所，植物的根系生活在土壤中。植物从土壤中吸收生长发育所需要的各种营养元素、水分与氧气，只有当土壤能满足植物所需要的水分、营养元素及氧气的需求时，植物才能正常生长。

　　土壤可按土壤颗粒的大小分为沙土、黏土、壤土等三种。沙土质地较粗、透水透气性强、保水保肥能力差，通常可用来做扦插的基质或栽培耐干旱的植物。黏土具有透水透气能力差、保水保肥能力强的特点，因其干燥时易板结，不利于植物的幼苗生长，通常需要与沙土按一定的比例混合后再使用。壤土在具有良好的透水透气性能的同时，保水保肥的能力也较强，通常可用来直接栽植各种植物。

　　土壤酸碱性对植物生长有重要影响，栀子、茉莉、山茶、杜鹃、米兰、苏铁等植物喜欢弱酸性土壤，少数植物喜欢弱碱性土壤，如银粉背蕨、子孙球等。大多数植物喜欢中性土壤，因此可根据不同植物的需要，选择不同酸碱性的土壤或人为调解土壤的酸碱性，使其满足植物生长的需要。

　　在植物栽培过程中，可根据植物的种类选择或自己配制栽培所需的土壤，肥沃的园田土可直接用来栽培植物。家庭种植植物所需的少量土壤，可从野外选取。树林中的落叶土因含有丰富的腐殖质，是人们常用栽植植物的土壤，选择时要选取那些具有土壤性质的部分，未完全腐烂的部分质轻、保水能力差、透气能力强，不宜用来栽植植物。

　　盆栽植物所需要的土壤，可根据植物栽培的需要自己配制。因各种土壤性质相差甚远，不同的植物对土壤的要求也不同，很难确定统一的土壤配制标准。配制土壤时如需要增加透气性，可增加细沙土的比例，沙土越多土壤的肥力越低。如需要增加土壤的肥力，可增加园田土的比例，也可在配制土壤过程中适当加入发酵好的有机肥料，但未发酵的肥料不能用来配制培养土，因有机肥料发酵过程中要产生热量与有刺激性气味的气体，可损伤植物的根系。当闻到所使用肥料有刺鼻的气味时，说明这种肥料正在发酵的过程中，不能用来配制培养土。

2. 上盆技术

　　用播种法培育的幼苗或用扦插法生根的苗，需要及时上盆。上盆是植物栽培技术的重要环节之一。上盆太早植物不易成活，太晚了会影响植物的正常生长。现以观赏椒为例说明上盆的操作过程（图 4-20）。

集中育苗　　　　　　　　　　　　　　　起苗

幼苗摆放　　　　　　　　　　　　　　　覆土稳苗

图 4-20　观赏椒上盆的操作过程

　　上盆过程中要注意容器选择、苗木位置、栽植深度、加土数量与怎样保护植物根系等若干问题，这些问题除能影响植物正常生长外，还会影响上盆后的美观。容器中的土可用墩、敲击容器壁等方式，使其变密实，防止浇水后发生较大幅度的沉降。再使土变密实的过程中要注意保护植物的根系，尽可能使其不受损伤。

　　观赏椒幼苗长出两对真叶时，即可进行上盆操作。观赏椒上盆及日常管理程序：育苗 → 选择土壤 → 容器中加土 → 起苗 → 幼苗摆放 → 幼苗固定 → 浇水 → 检查幼苗 → 放置到缓苗区管理 → 生长期管理 → 花果期管理与欣赏 → 种子采收。

二、换盆与倒盆

1. 换盆技术

盆栽的多年生植物要根据其生长情况，及时给植物更换较大的花盆。更换花盆时可使花盆倒置并用手托住花盆中的植物与土将土坨磕出。磕盆操作见图 4-21。

图 4-21　磕盆操作

为了促使根系更新，进行换盆时，可将土坨上的根系切断或除去一部分老根与腐朽的根，但不能将土全部抖掉。对根部进行整理后，再将植株栽植到更大的盆中。换盆的时间可根据植物的生长情况来确定，花期及生长旺盛的季节不宜更换花盆。如只更换较大的花盆而不损伤植物的根系，换盆可随时进行。

2. 倒盆技术

盆栽植物除换盆外还可进行倒盆，倒盆又称为倒根。倒盆时将花盆中的植物连土一起磕出，沿原土坨的边缘除去一部分根与旧土，再将土坨重新放置在原来的花盆中，加一定数量掺入有机肥料的新土，使植物仍生长在原来的花盆中。天竺葵的倒盆过程见图 4-22。

将天竺葵从盆中磕出　　　　　　　　磕出后根系情况

对根系进行修整　　　　　　　　　　重剪后重新上盆

图 4-22　天竺葵的倒盆过程

　　倒盆可与植物修剪、分株繁殖结合起来，这样倒过盆的植物继续在原盆中苗壮生长的同时，还可得到新的植株。倒盆的时间可根据植物的生长习性来确定，多数植物可在春季进行。以风车草为例，当盆中植株生长密集、叶片出现黄尖现象、新生枝矮小时，均是需要倒盆的标志。

　　倒盆时可将其分成数棵，分别栽植。分株时可从植株间隙较大处切开或掰开，分成几丛，并使每丛均有独立的根系与芽，但一般不能分成单根栽植。

三、浇水与光照

1. 浇水

　　各种植物在日常管理过程中均需要浇水，露地栽培的植物可根据土壤的含水量不定期地浇水。盆栽植物因其容积受到了限制，保水量较小，干旱或炎热的季节几乎每天均需要浇水，否则植物会因干旱而发生打蔫现象，较长时间的干旱，会导致植物死亡。

浇水的数量应根据植物的品种来确定。耐干旱的植物品种要适当少浇水，叶面积较大的植物因蒸腾作用强，应适当多浇水。在气温较低的季节，盆栽植物的浇水数量应适当减少，防止浇水过多而导致烂根现象发生。冬季除减少浇水数量外，还要尽可能使水温与花盆中的土温保持一致。具体做法是先将盛放浇花用水的容器，在花盆附近放置 6 ~ 12 小时，这样不会因浇水而降低花盆中的土温，对植物正常生长或安全越冬有好处。

盆栽植物浇水时，要一次浇透，防止出现半截水现象，即盆的上部水分较充足，盆的下部呈干旱状态。避免出现这种现象的做法是浇水一段时间后，看盆的下部是否有水渗出。如浇水时，水立刻从盆底流出水，可能是土壤的透水性太强，也可能是因干旱导致盆土收缩，水通过盆边缘与土的缝隙直接从盆底流出，这种现象不能说明盆花已浇透。

给盆栽植物浇水的方式有多种，成片放置的植物可用喷灌法浇水，喷水时要保证每盆均能浇到。单独摆放的植物可逐盆浇水，不能有遗漏。固定摆放的植物可设计滴灌、喷灌等浇水设施。用水管直接给盆栽植物浇水时，要控制水的流量，防止浇水时将盆中的土冲出。

有些植物无法从栽植容器上部浇水时，可用浸灌法，即将栽植容器浸在盛水的容器中，通过土壤的毛细作用，使水自下而上浸透到整个容器中。用浸灌法浇水要控制浸水的时间，以水刚浸到容器表面为好。长时间将容器浸泡在水中，可导致植物的根系因缺氧而受到损伤，因容器底部的通气孔被水堵死，空气无法流通。

课堂教学栽培，可将习性相近的植物，分别放置在不同托盘或塑料盘中集中养护。首先是便于浇水，多余的水聚集在托盆中；除外，还便于统一管理。为了观赏与展示时，知道制作者的名字，可在容器上贴上标签加以区分。集中养护时，托盘中不可长时间积聚大量的水，以防止因积水而导致烂根。盆栽植物的集中养护见图 4-23。

图 4-23　盆栽植物的集中养护

2. 光照

不同的植物喜光程度不同，要根据植物自身的习性调节光照，给植物创造一个适宜的光照环境。刚上盆的植物，需要放到散射光处缓苗，再放在光照充足的地方养护。嫁接繁殖的植物，开始可放到散射光处养护，以减少水分蒸腾。水插的植物因植物的下部浸在水中，可放到阳光充足处养护。如发生打蔫现象，应移到散射光处养护。

光照不足时，植物会出现徒长现象，而失去观赏性。耐阴植物在强光照射下，会产生日灼病，使叶片变色，也可失去观赏价值。在了解植物光照习性的基础上，给植物创造一个适宜的光照环境，对植物苗壮生长有十分重要的意义。光照不足导致的徒长现象见图 4-24。

图 4-24　光照不足导致的徒长现象

四、植物修剪技术

1. 摘心与抹芽

摘心可控制顶端优势，促使花卉萌发更多的分枝。对顶芽为花芽的花卉，适时摘心可使花芽着生部位降低，如丁香春季萌发的新枝自然封顶前，对生长枝留 2 ~ 4 对叶片摘心，可使花芽着生部位降低到自然生长的 1/3 左右，但花后摘心，该枝条不能生成花芽。

抹芽主要是去掉过多的腋芽与脚芽，控制分枝数量，使营养集中在保留的枝干上。抹芽作为一种整形方法，可根据造型的需要随时进行。

2. 修剪整形技术

植物修剪的目的有两个，一是控制生长，二是造型。常用的修剪方法有摘心、抹芽与剪枝，草本植物的修剪主要是摘心与抹芽，木本植物在生长季节除与草本植物一样可摘心、抹芽外，主要是剪枝。剪枝又可分为短截、疏枝，其中短截是将枝条上部剪去，留下所需要的部分。有时常从植物的根部短截，以促生新芽。疏枝是将枝条从根部截去，对生长过密、细弱、干枯及病枝，常采取疏枝法修剪。

木本植物的修剪主要是剪去枯枝、病枝、交叉枝、徒长枝、密生枝及花后的残枝，其目的主要是改善通风透光的条件，减少养分消耗，增加开花数量。如月季花花后应及时剪去残花，可促使植株萌发新芽，继续开花。除外，还可根据造型的需要进行修剪。整好形的植物见图 4-25。

龙爪槐的树形需要通过修剪来形成，通常在初冬与早春进行，修剪时要根据事先确定的形状来决定所留芽的位置，如使主枝呈波浪形，应留朝向水平方向的芽，使整个树形呈伞状时，枝条应留长些，但无论什么形总要选留朝向外侧的芽。龙爪槐的修剪除整形外，花后可剪一次残花，以保持树下地面洁净。龙爪槐的修剪见图 4-26。

图 4-25 整好形的植物

未修剪的龙爪槐　　　　　　　　　修剪后的龙爪槐

修剪成形的龙爪槐

图 4-26 龙爪槐的修剪

　　植物的修剪可分为秋季修剪、春季修剪与夏季修剪，不同的季节、不同的植物品种修剪要求不同。有些植物自然成形不需要修剪，有的植物则需要经常修剪。在植物的日常管理过程中，要了解植物的习性，并根据生长、开花、结果及整形的需要进行修剪。如丁香为春季开花的木本植物，顶芽通常为花芽，如秋季或春季开花前将顶芽剪去，则当年不能开花。大多数月季在上冻前需要从根部剪去，但藤本月季不需要从根部剪除。米兰作为芳香型植物，可不进行修剪，但对嫩芽摘心可增加分枝数量。

　　草本植物的修剪对植株开花、造型有重要作用。如给串红摘心可增加分枝数量，但摘心后花期要推迟，常用这种办法来控制花期。小菊在生长期摘心也可增加分枝数量，独头菊则用抹除侧芽与脚芽的方式，使花期花朵变大。

　　观果植物可用摘除花蕾的方式控制结果数量，如石榴开花前摘除部分不能结果的花蕾，可增加结果数量；盆栽橘子开花前需摘除大部分花蕾，减少开花数量，花后还需摘除部分幼果，才能减少营养消耗，增加结果数量。

　　叶的摘除与修剪在植物修剪与整形过程中，也有重要意义。及时摘除黄叶与衰老的叶片，能增加植物的通风透光性，有利于植物生长。铁树每年新叶停止生长后，需要剪去老叶，以使株形基本保持不变。荷花立叶长出后需要将浮叶逐渐剪掉，以使水温提高、花期提前。在盆景养殖过程中，常用摘去所有叶片的方法，促使新芽萌发，这种做法能使叶片变小、增加分枝数量、缩短节间距，提高观赏性。

　　除用以上方法整形外，对盆栽植物还可以利用植物的向光性，用调节光照方向的方式进行整形。有些植物朝向阳光的一侧生长得较慢，背向阳光的一侧生长得较快，导致植株的形状朝向阳面倾斜。在对这种植物进行日常管理时，只要根据植物的生长情况及时将花盆旋转180°，就可使植株各方向生长一致，避免发生歪斜现象。如子孙球放置在室内窗台上养护时，经常转动栽植容器及可使球体保持圆形。铁树在叶片快速生长期间，只需转一两次盆，就可使各方向的叶片生长长度保持一致，当叶片变得深绿且不再生长时，其株形则可长期保持不变。对草本植物来说，转盆也可使株形保持圆球形。

　　课堂教学过程中植物的修剪与整形技术，可利用校园中现有植物进行。对盆栽植物也可根据需要进行整形，使其更美观。盆栽马齿苋树的整形见图 4-27。

修剪下的枝叶

图 4-27　盆栽马齿苋树的整形

五、微型盆栽

1. 微型盆栽介绍

　　微型盆栽通常指的是在直径小于 10 cm 的容器中栽植的植物，因其栽植容器与植株均较小，可称为微缩的艺术。其特点是成形快、成本低、材料易得、节约放置空间、小巧玲珑。其不足是对管理要求较高，特别是要及时浇水，否则极易因干枯而死亡。

　　微型盆栽因其材料易得、栽植容器可用日常生活中的各种微型容器代替，栽植过程中需要的空间也很小，可以在普通教室内的课桌上进行，栽植后可集中放置在窗台上养护，故作为课堂教学的内容非常合适。

　　课堂教学中，可组织学生选用较小的容器，栽植一些耐旱、易管理的小型植物或花卉，如落地生根、长寿化、松霞、子孙球、条纹十二卷等。微型盆栽尽管微小，但并不影响学生体验植物栽培的过程。在栽培过程中还可探讨栽植小型植物的奥秘，欣赏微型盆栽植物创造的神奇之美。

　　进行微型盆栽，可用各种小型容器或各种瓶盖，在底部打孔后替代小花盆。所用苗木可集中培育，栽植后可放在塑料托盘中集中管理。这样，学生不仅可体验栽植技术的全过程，还可美化教室的环境。

　　许多多肉植物具有植株矮小、繁殖容易、耐旱、耐瘠薄的特点，可作为微型盆栽的栽植品种。但其最怕容器中积水，积水后会导致烂根。教师可根据课堂教学的需要，选择适宜的品种，作为学生实习的材料。

2. 微型盆栽示例

　　设计制作微型盆栽，可选择已生根的生长缓慢、植株矮小的植物，再根据植株的大小选择合适的容器，将植物栽植到容器中养护就行了。微型盆栽植物示例见图 4-28。

瓦松　　　　　　　　　长疣八卦掌　　　　　　　观音莲

图 4-28　微型盆栽植物示例

　　（1）松霞的栽植

　　松霞又名银松玉，原产墨西哥。喜温暖干燥，喜欢阳光充足的环境。较耐寒、耐干旱，夏季怕强光。要求肥沃、排水良好的沙质土。生长过程中以稍干燥为好，切忌过湿，否则根部极易腐烂。冬季温度不低于 5℃，温度适宜时冬季或早春可开花，冬季开花可结红色的果实，且长时间不会脱落，极具观赏价值。松霞的栽植见图 4-29。

图 4-29　松霞的栽植

松霞可用播种、扦插、分株和嫁接繁殖。播种可在 4 月～ 5 月进行，因其种子细小，常采用室内盆播，播后 7 天～ 10 天发芽。扦插以 5 月～ 6 月为宜，直接从母株上剥下子球，插于沙床，约 2 周后生根。分株可在 3 月～ 4 月结合换盆进行，将过于拥挤的植株分栽。

（2）白鸟的栽植

白鸟是仙人掌科乳突球属植物，呈球状、植株矮小。初单生、后群生，球体被软白刺包裹。白鸟可用扦插子球的方式繁殖，也可用分株法繁殖。白鸟的栽植见图 4-30。

单球上盆　　　　　　　　　　　5 个月以后

图 4-30　白鸟的栽植

（3）条纹十二卷的栽植

条纹十二卷为百合科十二卷属，多年生肉质草本植物。原产地为非洲南部热带干旱地区。它是常见的小型多浆植物，肥厚的叶片相嵌着带状白色星点，清新高雅。

条纹十二卷喜欢在阳光充足的环境，生长适温为 16℃ ～ 20℃，冬季与夏季不适宜生长时，处于半休眠状态。它耐干旱、喜欢较干燥的空气环境，要求排水良好营养丰富的土壤。可用扦插、分株法繁殖，生长季节扦插易成活。条纹十二卷的栽植见图 4-31。

（4）虎耳草的栽植

虎耳草是多年生草本植物，植株矮小、叶片具茸毛，其叶、匍匐茎与花，均具观赏价值。因其能生若干带小植株的匍匐茎，可悬挂起来观赏。虎耳草耐寒、喜阴、耐潮湿、适应性强，冬季室外露地养殖的叶片枯萎，第二年还可重新生长。室内养殖的冬季室温适宜，可正常生长。常用匍匐茎上的小植株或分株法繁殖，可供课堂教学选用。虎耳草的栽植见图 4-32。

（5）吊兰的栽植

吊兰是多年生常绿草本植物，有大量肉质根。叶丛生、线形、叶细长、似兰花。吊兰有多个变种，最常见的是银边吊兰、金边吊兰、银心吊兰与金心吊兰。花茎从叶丛中抽出，可生成大量匍匐茎，在顶端着生小植株，

可以分株的母株　　　　　　　　　从母株上分下的植株

分栽上盆

图 4-31　条纹十二卷的栽植

图 4-32　虎耳草的栽植

可用来繁殖。各种吊兰悬挂放置时，非常美观。课堂教学过程中，可作为学生实习的材料。吊兰的栽植见图 4-33。

金边吊兰

银心吊兰

吊兰的花

吊兰的匍匐茎

图 4-33　吊兰的栽植

　　吊兰性喜温暖湿润、半阴的环境，适应性强，耐旱、不耐寒。不择土壤，在排水良好、疏松肥沃的沙质土壤中生长最旺盛。对光线的要求不严，一般适宜在中等光线条件下生长，亦耐弱光。生长适温为 15℃ ~ 25℃，越冬温度为 5℃。温度为 20℃ ~ 24℃时生长最快，易抽生匍匐茎。30℃以上停止生长，处于休眠状态。冬季室温保持 12℃以上，植株可正常生长，若温度过低，则生长迟缓或休眠。低于 0℃，则易发生冻害。

　　（6）玻璃翠的栽培

　　玻璃翠又叫何氏凤仙，为凤仙花科，凤仙花属，多年生草本。因其花、叶、茎都呈半透明状而得名。花粉红色，花期长，适合室内盆栽，也可作为课堂教学中学生的实习材料。

　　玻璃翠性喜温暖、湿润环境。喜光、生长期间需要充分的光照，否则花少也不鲜艳，还会徒长。栽培温度以 18℃ ~ 25℃最好，越冬不能低于 10℃，保持在 13℃以上才能正常开花。盆土要保持湿润，在夏季要每天浇一次水，冬季要少浇水。为保持株形，可以进行摘心，增加侧枝，使其花繁叶茂。

玻璃翠常用扦插法繁殖，水插易生根。玻璃翠与凤仙花（又叫指甲草）的区别是凤仙花属一年生草本，主要用种子繁殖，而玻璃翠属多年生常绿草本，在北京地区栽培不结种子，常用扦插法繁殖。玻璃翠栽植见图 4-34。

未修剪枝条　　　　　　　　　　　　枝条修剪

水插　　　　　　　　　　生根　　　　　　　　　　上盆

图 4-34　玻璃翠栽植

3.微型盆栽植物品种介绍

适合微型盆栽的植物种类很多，从来源可分为自己繁殖的品种、市场购买的品种与野外挖掘的品种。

（1）自己繁殖的品种

适合自己繁殖的品种有吊兰、天竺葵、露草、虎耳草、何氏凤仙、非洲凤仙、风车草、天门冬、长寿花、燕子掌、阔叶落地生根、棒叶落地生根、含羞草、观赏椒与香菜等，其中含羞草、观赏椒与香菜可用种子繁殖，再移栽上盆养护。前面的植物品种，均可用扦插法或分生法繁殖。香菜既可用于观赏，还可食用。

（2）市场购买的品种

市场购买的植物品种主要是仙人掌科与其他科的多肉植物，它们植株矮小、耐旱，多数可用扦插子球的方式繁殖，且极具观赏价值，因此这类植物用于课堂教学很受学生欢迎。常见的品种有松霞、子孙球、长疣八卦掌、莲花掌、观音莲、艳日辉、玉露、生石花、水晶掌、鼠尾掌、垂盆草、条纹十二卷、虹之玉、黄花照波等。

因市场上的小型多肉植物品种太多了，购买前要先查找相应的资料或进行少量栽培试验，以提高养殖的成活率，并实现自己繁殖。否则购买后养不活，会导致资金浪费。

（3）野外挖掘的品种

野外挖掘的草本植物有紫花地丁、早开堇菜、黄花酢浆草、银粉背蕨、无银粉背蕨、苦菜、瓦松等，木本植物有荆条、小皂荚、黄栌、元宝枫、银杏等。元宝枫、银杏尽管是高大的乔木，但整形后可使其变得矮小。银杏可用根部蘖芽扦插得到小苗木，其叶片非常好看。

第四单元　作品设计与制作

实践活动 1：仙人掌嫁接仙人指

【工具材料】

盆栽仙人掌或三棱剑、仙人指、锋利的刀片（刮脸刀片或手术刀片）、镊子、医用棉花、消毒用酒精等。

【教学目标】

1）了解用嫁接法繁殖仙人指的相关知识，学会嫁接用枝的选择、处理砧木、削接穗、接穗与砧木的结合、固定接穗等基本操作技能。

2）体验砧木、接穗处理的全过程，探究提高嫁接成活率的方法与技巧。

3）在使用锋利刀具的过程中提高安全意识，在探索嫁接过程中培养科学、认真、负责的态度，感受学习带来的愉悦。

【重点难点】

嫁接操作是本节课的重点，教师可通过播放视频、课堂演示等方式，让学生知道嫁接的操作过程。为学生实际操作做好准备。削接穗是操作的难点，难在初学者很难掌握切削的力度，学生只有通过练习才能初步掌握削接穗的方法。

【技术环节】

1. 主要技术环节

仙人掌嫁接仙人指主要技术环节包括：削去砧木顶端、在砧木上切出插接穗的切口、削接穗、插接穗以及接穗和砧木的固定等环节。

削砧木时，可用镊子夹住仙人掌顶部，用锋利的刀自顶端下部 10 mm 处，横向切削，将砧木顶部除去。再切削端面的中心部位纵向下切 10～15 mm，以便于接穗顺利插入。接穗插入后，可用仙人掌的长刺将砧木与接穗固定。用仙人掌的刺来固定接穗的好处是植物体不会产生排异现象，在防止伤口腐烂的同时，有利于提高嫁接成活率。

2. 嫁接操作流程

刀具消毒 → 砧木处理 → 选择接穗 → 接穗处理 → 插接穗 → 接穗固定。

3. 嫁接操作步骤

（1）砧木处理

将作为砧木的仙人掌顶端截去 10 mm 左右，并在横截面的中间切深为

15 mm、宽为 10 mm 左右的切口。注意：在横截面上向下切口时，刀片应沿砧木的中心向下，不要向两侧倾斜。当刀片从砧木的一侧穿出时，应重新切或将砧木截去一段后，再重新操作。

（2）选择接穗

从仙人指上选取接穗（需含两节变态枝、第一节变态枝上有多个分枝最好）。

（3）接穗处理

将接穗下端两个侧面，均削去一薄层（约 10 mm 长）。

（4）插接穗

将削好的接穗插入砧木的切口中，插的深度以削过的部分全部插入为宜。

（5）接穗与砧木的固定

用仙人掌的长刺将接穗与砧木固定，以防止接穗移动。也可用极细的竹签代替仙人掌的刺进行固定。用夹子夹持嫁接部位，对植物组织易产生破坏，因此不宜采用。仙人掌嫁接仙人指主要操作过程见图 4-35。

嫁接完成后，可将接好的仙人指放置在稍遮光处养护。如放置地点过于干燥时，可适当向接穗喷水。嫁接当天不能将水弄到嫁接处，以防腐烂。嫁接后要及时除去砧木萌发的新芽。

【安全提示】

仙人掌嫁接仙人指需要用锋利的刀片做切削工具，因此操作过程中要防止锋利的刃口接触人体，而导致伤害事故发生。万一被锋利的刃口拉伤，应立刻捏住被拉处止血，止血后再贴创可贴。除外，仙人掌有尖刺，要防止操作过程中扎到手。被尖刺或小刺扎到后，应设法把刺拔出，以防止感染。

【问题诠释】

1. 影响成活率的因素

砧木的生理活性是影响成活率的核心因素，选择当年生仙人掌，因其生

选接穗

砧木处理　　　　　　　　　　　　　　接穗处理

插接穗　　　　　　　　　　　　固定接穗

图 4-35　仙人掌嫁接仙人指主要操作过程

理活性强，很容易和接穗愈合，愈合后即可成活。已老化的仙人掌嫁接时成活率较低，主要原因是嫁接部位的生理活性低，接穗不易和砧木愈合。

2. 怎样区分仙人指、蟹爪兰、假昙花

仙人指与人们常说的蟹爪兰不是同一种植物，因二者的花色、花形非

常相似，因此常被混淆。二者的主要区别是变态枝边缘稍有差异，蟹爪兰有对称的尖端伸出，仙人指没有。常与仙人指、蟹爪兰混淆的还有假昙花，假昙花与前二者有明显的区别，其花的颜色为淡红色与前二者有区别，花期也有显著差异。蟹爪兰、假昙花的砧木选择、嫁接方法，与仙人指基本相同。仙人指、蟹爪兰、假昙花比较见下图 4-36。

仙人指　　　　　　　　蟹爪兰　　　　　　　　假昙花

图 4-36　仙人指、蟹爪兰、假昙花比较

3. 关于形成层问题

形成层是一个生物学名词，可从理论上解释嫁接成活率问题。作为劳技课的核心内容是怎样嫁接才能成活，而不是为什么能成活。因此，课堂教学过程中可不提形成层问题。仙人掌作为多肉植物，其形成层不像木本植物一样是一薄层，而呈放射状。因此嫁接时，不是靠皮处才最易成活。

决定成活的主要因素是所选仙人掌的生理活性要强，当年生仙人掌顶部的生理活性是最强的。影响嫁接成活率的因素还有季节的选择。从理论上讲一年四季只要温度适宜都能成活。没有温室时，生长旺季的嫁接成活率最高。

4. 嫁接时常见问题

（1）选择接穗时要注意的问题

选择接穗时要选择植株的向阳面生长健壮的枝条作为接穗，变形枝、病枝、弱枝、有缺陷的枝，均不宜用作接穗。

（2）削接穗时易出现的问题

削接穗时要分次将插入砧木部分的外皮削去，尽可能不伤害内部组织。削多了、削少了、削长了、削短了，都会影响接穗的成活率。接穗选择与处理常见问题见图 4-37。

不能作为接穗的枝   削接穗易出现的问题

图 4-37   接穗选择与处理常见问题

（3）处理砧木时易出现的问题

砧木处理也要达到要求，砧木上端的断面歪斜了影响美观，刀片从一侧穿出，插接穗时接穗下边会露在外面，不能使接穗与砧木愈合。处理砧木时易出现的问题见图 4-38。

图 4-38   处理砧木时易出现的问题

【教学流程】

引入 → 学习内容介绍 → 讲解示范 → 学生操作 → 作品展示与交流评价 → 课堂小结。

【教学过程设计】

1. 引入环节设计

可用图片引出本节课的课题。可从百度搜索仙人指图片，下载清晰、美观的图片供引入时使用。提出问题供学生讨论：如图片中的仙人指是怎样繁殖的呢？哪位同学家里养殖过这种花卉？用问题来激发学生的学习兴趣。

2. 学习内容介绍环节设计

第一，介绍本节课用到的工具材料与分组情况，请各组清点工具与材料；第二，介绍本节课的学习内容，可提出学习要求，可组织学生讨论怎样达到学习目标。此环节要简单，不能占用大量的时间。

3. 讲解示范环节设计

第一，播放仙人指嫁接过程录像或演示操作过程，使用嫁接操作录像的好处是可用特写将主要内容放大，以增加可视性；第二，讲解安全提示与操作注意事项。此环节是本节课的重点，能为学生继续学习打下基础。

4. 学生操作环节设计

以小组为单位进行操作，教师巡视，解决学生操作过程中出现的问题。此环节的核心内容是学生实际操作，要给学生足够的时间。

5. 作品展示与交流评价环节设计

选择典型小组的作品进行展示，并侧重介绍成功的经验与失败的教训。教师可就学生学习过程中共同遇到的问题，进行点评或讲解。此环节可根据剩余时间与学生操作情况，有目的、有计划地进行。

6. 课堂小结环节设计

总结全班学习情况，提出下节课的学习目标。此环节要简单明了，防止拖堂现象发生。最后，组织学生整理桌面或操作台，准备下课。

实践活动 2：水插法繁殖植物

【工具材料】

扦插用各种植物、剪枝剪、锋利刀片、水、不同大小与深度的容器。

【教学目标】

1）了解水插繁殖植物的相关知识，能根据植物的自身特点选取合适的枝条，并对枝条进行修剪。

2）经历不同种类植物水插繁殖的学习过程，掌握植物水插繁殖的操作方法。

3）感受水插繁殖过程中的乐趣，运用所学知识解决生活中植物的水插繁殖问题。

【重点难点】

枝条的修剪操作是本节课的重点，教师可通过播放视频、课堂演示等方式，让学生知道枝条修剪的正确操作过程，为学生实际操作做好准备。剪枝剪的使用方法与用锋利刀片削切嫩茎是操作的难点，难在初学者很难掌握剪切与切削的方法和力度。教师要在演示的基础上，指导学生完成相关的操作。

【技术环节】

1. 主要技术环节

水插法繁殖植物的主要技术环节包括：选取枝条、修剪枝条和水插等环节。用水插法繁殖时，选取的植物不同，修剪枝条时用到的工具也不同，可用剪枝剪或者锋利的刀片作为修剪与切削工具。使用锋利的刀片切削时，一定要注意安全。

2. 水插法操作流程

选取水插容器与工具 → 刀具消毒 → 选取枝条 → 修剪枝条 → 水插 → 后期管理。

3. 水插法操作步骤

（1）选择水插容器与工具

根据水插的需要，可以从日常生活中选择能再次利用的废弃物，作为水插容器。选择时注意大小、深度与美观性。修剪用工具应根据枝条的硬度选择，木本枝条可用剪枝剪，草本植物可用普通剪刀，嫩茎可用锋利的刀片。修剪枝条用的工具见图4-39。

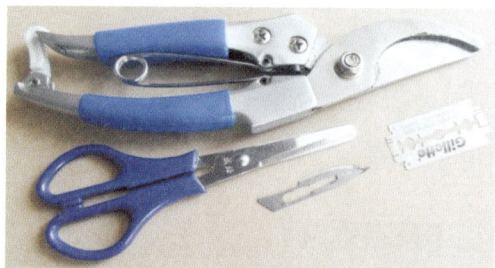

图 4-39　修剪枝条用的工具

（2）工具消毒

为了防止嫩枝或多肉植物因感染而导致腐烂，修剪工具可用镊子夹住酒精脱脂棉进行消毒。也可将刀片用镊子夹住，用酒精灯的外焰烘烤消毒。

（3）选取枝条

选取枝条时要选择植株顶端、向阳面、生长健壮且无病虫害的部分，徒长枝、弱枝均不宜用来做水插枝条。

（4）修剪枝条

要根据植物的特性确定枝条长度，木本植物的枝条可长些，草本植物的枝条可短些。修剪时应保留适当数量的叶片，枝条上小于正常叶片 1/3

的幼叶、花或花蕾应全部摘除，以减少营养消耗。枝条下端剪口应在节下，因节处易生根。枝条下端的剪口可呈斜面状，木本枝条上端可平剪。

（5）水插

将修剪好的枝条可用泡沫板进行固定。

4. 水插法繁殖花卉示例

（1）风车草的水插

用剪刀或剪枝剪作为修剪工具，选取健壮且无病虫害的风车草，将其叶片剪成直径为 1 ~ 2 cm 的圆环状，茎秆留 1 cm 左右，其余部分剪掉。将修剪好的风车草放入盛有清水的容器中自然漂浮在水面上。

（2）天竺葵的水插

用刀片作为修剪的工具。选取健壮的枝条，枝条长度以保留 3 ~ 4 个节为宜。对叶片与枝条下端进行切削，再将枝条插入深度合适的水中。

（3）月季的水插

选用剪枝剪作为修剪工具。选取健壮、充实的枝条，枝条长度以保留 3 ~ 5 个节为宜。枝条上端可平剪，下端剪成斜面状，这样有利于枝条生根。枝条浸在水中部分的叶片要剪除，上部留 4 ~ 6 片小叶，留下的叶片可正常进行光合作用，为生根提供营养。枝条修剪好后，再将枝条放入盛水的容器中，并使水浸过枝条全长的 2/3 左右为宜。月季水插枝条的修剪见图 4-40。

图 4-40　月季水插枝条的修剪

【问题诠释】

1.扦插成活率问题

决定扦插成活率的因素是植物自身的特性，有的植物容易生根，有的植物很难生根。教学过程中要选择那些容易生根的植物用扦插法繁殖。影响水插成活率的因素很多，主要有温度与枝条自身的特性。扦插温度以25℃左右为宜，室温低时，生根较慢，可采取保温措施以加快生根的速度。水插后的植物应放置在阳光充足的地方养护，要及时补水，并观察其生根情况。

2.枝条修剪常见问题

枝条修剪不但影响植物的成活率，还会影响将来的上盆栽植。如植株太长了栽植后可影响美观，木本植物枝条太短时，所储存的营养少，有的不易成活。枝条修剪常遇到的问题有下端剪口未靠近节、叶片太少、叶片太多、枝条太长或太短等。修剪枝条时，应从多方面考虑，尽可能避免出现各种问题。

3.关于月季扦插问题

月季盆栽需要较大的盆才行。课堂教学过程中，月季水插主要是作为水插木本植物的代表，因此，让学生体验整个扦插过程比月季养殖更具有价值。水插所得生根苗可栽植到饮料瓶制作的容器中，等进入快速生长期后，再移植到校园中或发给学生带回家露地栽植。

影响月季水插成活率的主要因素是枝条，早春第一批花谢后修剪时的枝条，扦插的成活率最高。第二批花谢后枝条与夏季高温时的枝条，因内部组织不充实扦插成活率较低，甚至不能成活。晚秋、初冬时的枝条组织充实，但因此时段气温较低，也会影响成活率。可将修剪好的枝条装入塑料袋里埋在土中，待来年春季再水插。休眠期月季枝条的修剪见图4-41。

不带踵　　　　带踵

休眠期修剪下的可用来扦插的枝条　　　　修剪好的枝条

图 4-41　休眠期月季枝条的修剪

　　冬季向阳处的月季枝条，其内部组织充实且含较多的营养物质，取这种枝条修剪后水插，只要温度适宜，其成活率一般会很高。此时水插与春季带叶扦插的主要区别是枝条先发芽，再生根，生根后即可上盆栽植。

　　水插用月季的枝条，如果不用剪枝剪剪下，而是直接从主枝上掰下来，更容易生根。原因是掰下来的枝条，对植物组织的损伤比用剪枝剪剪下的要小，另外掰的位置在节处生根能力较强。这种取枝条方式因下部较大，可称为带踵扦插。

　　木本植物水插时先在剪口上生成愈伤组织，再在愈伤组织上长出新根。因此由愈伤组织生成情况，可判断生根情况。带踵与不常踵水插常见愈伤情况比较见图 4-42。

从主枝上掰下的枝条　　　　　　　　用剪枝剪剪下的枝条

图 4-42　带踵与不带踵水插常见愈伤情况比较

4. 关于风车草的扦插问题

风车草为多年生草本植物，常用分株法繁殖。风车草茎秆顶端叶子呈伞骨状张开，叶片与茎杆连接处具备生根与长芽能力，因此可用水插法繁殖。其中空的秆不具备生根能力，水插时可剪去。这样修剪后的风车草扦插时可浮在水面上，因此称为浮水扦插。可用浮水扦插法的植物仅此一例，还未发现有类似的其他植物。风车草的水插繁殖见图 4-43。

选好的风车草   修剪后

漂在水面上   生根长芽

图 4-43   风车草的水插繁殖

5. 剪枝剪的使用问题

剪枝剪是修剪木本植物的专用修剪工具。为了适应修剪的需要，其剪刀的刀片设计有差别：其一面刀刃薄且很锋利，具备剪切能力；另一面刃口不锋利，但可配合另一侧剪切。使用剪枝剪剪切时，要使锋利刃口侧对着需要保留的一端，以使剪切断面的植物组织少受伤害。剪枝剪的使用方法见图 4-44。

疏枝　　　　　　　　　　短截

修剪残花与果实　　　　　短截

图 4-44　剪枝剪的使用方法

6. 课堂教学设计问题

本节课学习内容较多，教师可根据能找到的材料，精心设计教学过程。材料丰富时，可每个学生都进行扦插试验；材料少时，可分组进行扦插试验。

水插繁殖作为探究性学习的内容，既有探究方案设计、实际操作，也有观察记录与成果展示交流。教师可根据本校的条件，设计出具有自己特色的好课。

植物栽培技术学习内容达到的标准与检测方法

序号	学习内容	达到标准	检测方法
1	工具使用	熟悉本单元涉及的工具规格、使用方法、适用范围与使用注意事项	从实际操作中观察、分析、判断
2	自制工具、容器	能根据教学需要自制铲土或其他工具	观察制作过程与实物
3	选种浸种	能根据种子特点确定浸种水温与浸种时间，能用解剖法观察确定浸种是否达到预期要求	观察实际操作与种子变化情况
4	保湿催芽	能自己利用日常生活中的可利用废弃物设计保湿设施，能通过试验测定种子发芽率	观察实物与教学设计方案
5	播种操作	熟悉播种操作流程、撒种均匀适量，能根据种子大小确定覆土数量、合理选择浇水方式	观察实际操作
6	水插繁殖	能根据植物品种选择水插深度，能根据需要选择使用修剪工具，能正确选择水插用枝条，修剪枝条操作正确，熟知使用锋利刀具的安全操作方法	观察实际操作
7	嫁接技术	能正确处理砧木与接穗，能根据实际选择接穗的固定方法，能根据需要确定接穗的保湿措施	观察实际操作
8	分生繁殖	了解分生繁殖的种类、分生繁殖方法	观察实际操作与课堂教学情况
9	野生植物引种技术	知道野生植物引种注意事项，了解校园内与校园周边可引种的植物品种与生活习性、引种方法，能设计野外考察方案	观察实际操作、参加教师组织的野外考察活动
10	土壤选择	能从校园内或校园周边选择可用来栽植的土壤，能根据植物习性自己配置适合植物生长的土壤	观察课堂教学中使用的土壤
11	上盆技术	确定适宜的上盆时间，能根据植物选择合适的容器、上盆过程中能有效保护植物的根系、栽植深度满足植物生长的需要、加土量满足以后浇水的要求	观察实际操作与已上盆的植物
12	换盆倒盆技术	能判断换盆与倒盆的时机，能顺利将植物从盆中磕出、根据需要对根系进行修整、重新将植物栽植到新盆或原盆中	观察实际操作或查看盆的状况
13	摘心与抹芽	知道摘心抹芽对植物生长的作用，能判断摘心与抹芽的时机、适时对植物进行摘心抹芽	观察实际操作与植物造型
14	修剪整形技术	知道哪些植物需要通过修剪来整形，知道整形时需要修剪的枝，会对龙爪槐、绿篱等几种植物进行修剪整形	观察实际操作与植物造型

附录1：微型盆栽欣赏

名称:松霞
容器: ϕ6.6 cm×4.0 cm
株高: 7.0 cm
栽培时间: 8 年

名称:子孙球
容器: ϕ6.6 cm×4.0 cm
株高: 3.6 cm
栽培时间: 6 年

名称:长寿花
容器: ϕ6.2 cm×4.2 cm
株高: 2.5 cm
栽培时间: 1 个月

名称:长寿花
容器: ϕ3.4 cm×2.0 cm
株高: 1.5 cm
栽培时间: 1 个月

名称:银杏
容器: 9.5 cm×9.5 cm×8.5 cm
株高: 22.0 cm
栽培时间: 16 年

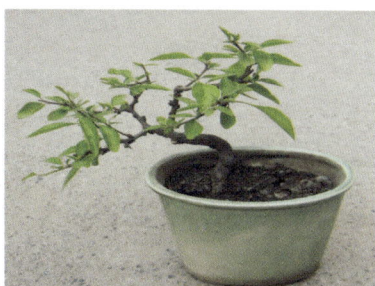

名称:小叶鼠李
容器: 10.5 cm×6.5 cm×9.0 cm
株高: 10.0 cm
栽培时间: 16 年

附录2：植物品种介绍

小叶鼠李

黄栌

小皂荚   荆条   鼠李

野生植物引种示例

细叶雪茄花

红网纹草

观音莲

虹之玉

椒草

黄花照波

几种市场上购买的植物